Direito administrativo contratual

volume 1

Central de Qualidade — FGV Management
ouvidoria@fgv.br

FUNDAÇÃO GETULIO VARGAS

DIREITO RIO

SÉRIE DIREITO DO ESTADO E DA REGULAÇÃO

Direito administrativo contratual

volume 1

Joaquim Falcão
Sérgio Guerra
Rafael Almeida
Rodrigo Vianna

Organizadores

FGV Management
PUBLICAÇÕES

FGV
EDITORA

Copyright © 2011 Joaquim Falcão, Sérgio Guerra, Rafael Almeida, Rodrigo Vianna

Direitos desta edição reservados à
EDITORA FGV
Rua Jornalista Orlando Dantas, 37
22231-010 — Rio de Janeiro, RJ — Brasil
Tels.: 0800-021-7777 — 21-3799-4427
Fax: 21-3799-4430
editora@fgv.br — pedidoseditora@fgv.br
www.fgv.br/editora

Impresso no Brasil/*Printed in Brazil*

Todos os direitos reservados. A reprodução não autorizada desta publicação, no todo ou em parte, constitui violação do copyright (Lei nº 9.610/98).

Os conceitos emitidos neste livro são de inteira responsabilidade dos autores.

1ª edição — 2011

Preparação de originais: Sandra Frank
Editoração eletrônica: FA Editoração Eletrônica
Revisão: Andrea Bivar | Sandro Gomes dos Santos
Capa: aspecto:design

**Ficha catalográfica elaborada pela
Biblioteca Mario Henrique Simonsen/FGV**

Direito administrativo contratual / Joaquim Falcão (Org.)... [et al.]. — Rio de Janeiro: Editora FGV, 2011
2 v. — (Direito do Estado e da regulação (FGV Management))

Em colaboração com Sérgio Guerra, Rafael Almeida, Rodrigo Vianna.
Publicações FGV Management.
Inclui bibliografia.
ISBN: 978-85-225-0858-7 (v. 1). 978-85-225-0859-4 (v. 2)

1. Licitação pública. 2. Direito administrativo. 3. Contratos administrativos. I. Falcão, Joaquim, 1943- . II. Guerra, Sérgio, 1964- . III. Almeida, Rafael. IV. Vianna, Rodrigo. V. FGV Management. VI. Fundação Getulio Vargas. VII. Série.

CDD — 341.3

Nossa missão é construir uma Escola de Direito referência no Brasil em carreiras públicas e direito empresarial, formando lideranças para pensar o Brasil a longo prazo e ser referência no ensino e na pesquisa jurídica para auxiliar o desenvolvimento e avanço do país.

FGV Direito Rio

Sumário

Apresentação 11

Introdução 13

1 | Licitação: conceito, princípios, dever de licitar 15
   Roteiro de estudo 15
      Licitação: conceito e objetivo 15
      Normas gerais 19
      Princípios gerais, doutrinários e setoriais da licitação 21
      O dever de licitar 30
   Questões de automonitoramento 42

2 | Modalidades: concorrência, tomada de preços, convite, concurso e leilão. Aspectos polêmicos 43
   Roteiro de estudo 43
      Modalidades de licitação 43
      Da escolha da modalidade de licitação 66

Projetos de alteração da Lei Federal nº 8.666/1993 e suas implicações nas modalidades licitatórias   74

Questões de automonitoramento   76

3 | Pregão presencial e eletrônico   77

Roteiro de estudo   77

Contextualização do tema   77

Origem e principal inovação   79

Histórico legislativo   82

Conceituação, cabimento e discricionariedade administrativa   87

Pregão presencial   105

Pregão eletrônico   116

Questões de automonitoramento   131

4 | Fase interna da licitação   133

Roteiro de estudo   133

Procedimento   133

Fase interna   135

Obras e serviços   138

Compras   145

Alienações   151

Requisição do objeto   153

Estimativa de preços   155

Previsão orçamentária   158

Requisitos da Lei de Responsabilidade Fiscal (LRF)   159

Elaboração do edital   162

Exame jurídico   165

Questões de automonitoramento   168

5 | **Fase externa da licitação** 169
   Roteiro de estudo 169
   Procedimento 169
   Publicação do edital 170
   Pedido de esclarecimento 174
   Impugnação do edital 176
   Habilitação 183
   Questões de automonitoramento 194

6 | **Sugestões de casos geradores** 197
   Licitação: conceito, princípios, dever de licitar (cap. 1) 197
   Modalidades: concorrência, tomada de preços, convite, concurso e leilão. Aspectos polêmicos (cap. 2) 198
   Pregão presencial e eletrônico (cap. 3) 198
   Fase interna da licitação (cap. 4) 200
   Fase externa da licitação (cap. 5) 201

Conclusão 203

Referências 205

Organizadores 217

Colaboradores 219

Apresentação

Aliada na credibilidade de mais de meio século de excelência no ensino de economia, administração e de outras disciplinas ligadas à atuação pública e privada, a Escola de Direito do Rio de Janeiro da Fundação Getulio Vargas — FGV Direito Rio — iniciou suas atividades em julho de 2002. A criação desta nova escola é uma estratégia da FGV para oferecer ao país um novo modelo de ensino jurídico capaz de formar lideranças de destaque na advocacia e nas carreiras públicas.

A FGV Direito Rio desenvolveu um cuidadoso plano pedagógico para seu Programa de Educação Continuada, contemplando cursos de pós-graduação e de extensão. O programa surge como valorosa resposta à crise do ensino jurídico observada no Brasil nas últimas décadas, que se expressa pela incompatibilidade entre as práticas tradicionais de ensino do direito e as demandas de uma sociedade desenvolvida.

Em seu plano, a FGV Direito Rio assume o papel de formar profissionais preparados para atender às reais necessidades e expectativas da sociedade brasileira em tempos de globalização. Seus cursos reforçam o comprometimento da escola em inserir no mercado profissionais de direito capazes de lidar com áreas interdisciplinares, dotados de uma visão ampla das questões jurídicas e com sólidas bases acadêmica e prática.

A Série em Direito do Estado e da Regulação é um importante instrumento para difusão do pensamento e do tratamento dado às modernas teses e questões discutidas nas salas de aula dos cursos de MBA e de pós-graduação, focados no direito público, desenvolvidos pela FGV Direito Rio.

Desta forma, esperamos oferecer a estudantes e advogados um material de estudo que possa efetivamente contribuir com seu cotidiano profissional.

Introdução

Este primeiro volume dedicado ao estudo do direito administrativo contratual tem origem em profunda pesquisa e sistemática consolidação dos materiais de aula acerca de temas que despertam crescente interesse no meio jurídico e reclamam mais atenção dos estudiosos do direito. A intenção da Escola de Direito do Rio de Janeiro da Fundação Getulio Vargas é tratar de questões atuais sobre o tema, aliando a dogmática e a pragmática jurídicas.

A obra trata, de forma didática e clara, dos conceitos e princípios do direito administrativo, analisando as questões em face das condições econômicas do desenvolvimento do país e das discussões recentes sobre o processo de reforma do Estado.

O material aqui apresentado abrangerá assuntos relevantes, como, por exemplo:

- licitações, seus conceitos e princípios;
- modalidades do processo licitatório;
- pregão presencial eletrônico;
- fases interna e externa das licitações; e
- aspectos polêmicos em licitação.

Em conformidade com a metodologia da FGV Direito Rio, cada capítulo conta com o estudo de *leading cases* para auxiliar na compreensão dos temas. Com ênfase em casos práticos, pretendemos oferecer uma análise dinâmica e crítica das normas vigentes e sua interpretação.

Esperamos, assim, fornecer o instrumental técnico-jurídico para os profissionais com atuação ou interesse na área, visando fomentar a proposição de soluções criativas para problemas normalmente enfrentados.

1

Licitação: conceito, princípios, dever de licitar

Roteiro de estudo

Licitação: conceito e objetivo

O contrato administrativo é um instrumento pelo qual ocorre a conjugação de interesses entre a administração pública e o particular, que irão compor a relação jurídica nele descrita.

Ocorre que, para sua celebração, em regra é necessária a realização de licitação prévia, salvo em casos expressamente estabelecidos em lei, visando, dessa forma, assegurar a lisura na contratação com a administração pública.

No sentido etimológico do próprio vocábulo, conforme salienta Moreira Neto, licitar significa "oferecer quantia". Todavia, sua compreensão deve ser estendida, uma vez que aquela expressão designa apenas uma das fases do processo administrativo concorrencial, caracterizada pela "participação concorrencial emulativa de interessados" (Moreira Neto, 2003:174). Nesse sentido, cumpre destacar o conceito de licitação nas palavras de Souto (2004a:1):

Licitação é o processo administrativo pelo qual a administração seleciona, por meio de habilitação de proponentes e julgamento objetivo de propostas, candidatos que com ela estão aptos a celebrar contratos ou tornarem-se permissionários de serviços públicos ou de bens públicos.

Vale apresentar, ainda, a lição de Bandeira de Mello (2000:456):

> [Licitação] É o procedimento administrativo pelo qual uma pessoa governamental, pretendendo alienar, adquirir ou locar bens, realizar obras ou serviços, outorgar concessões, permissões de obra, serviço ou de uso exclusivo de bem público, segundo condições por ela estipuladas previamente, convoca interessados na apresentação de propostas, a fim de selecionar a que se revele mais conveniente em função de parâmetros antecipadamente estabelecidos e divulgados.

É pacífico, na doutrina brasileira, o entendimento acerca da obrigatoriedade de a administração pública licitar para a celebração de contratos administrativos, como se verifica no art. 37, XXI, da CF/88.

A questão é saber qual a extensão de aplicação do dispositivo. A Lei nº 8.666/1993, em seu art. 1º, parágrafo único, estabelece que se subordinam ao regime nela previsto

> a administração direta, os fundos especiais, as autarquias, as fundações públicas, as empresas públicas, as sociedades de economia mista e demais entidades controladas direta ou indiretamente pela União, estados, Distrito Federal e municípios.

No entanto, as normas contidas no referido diploma legal, segundo Souto (2004a:9):

não deveriam abranger as organizações sociais, as organizações civis de interesse público, os serviços sociais autônomos (estes não excluídos pelo Tribunal de Contas da União) e as fundações de apoio. Tais entidades não integram a Administração Pública. Ao receberem recursos públicos, submetem-se ao dever de bem-administrá-los e de prestar contas, o que não inclui a licitação (CF, art.70).

Como se pode perceber, não é possível realizar uma interpretação ampliativa do preceito constitucional, de modo a inviabilizar o exercício de atividades desenvolvidas por particulares na delegação social.

Certo afirmar, nesse passo, que a licitação é a regra estabelecida na Constituição. Já os casos de licitação dispensada, dispensa e inexigibilidade, previstos nos arts. 17, 24 e 25, respectivamente, são exceções disciplinadas pela Lei nº 8.666/1993.

Em contrapartida, segundo Justen Filho (2002b), "sistemática similar não foi adotada por grande número de países, no Direito Comparado, sendo usual atribuir à escolha discricionária da Administração Pública a realização de licitação". Todavia, conforme explica o citado autor, a partir do fenômeno da globalização tal conjuntura começou a ser alterada, sendo cada vez mais frequente a adoção da obrigatoriedade de licitação prévia aos contratos administrativos, baseando-se nos princípios da isonomia e da seleção da proposta mais vantajosa para a administração pública. Estes não apenas se revelam como princípios basilares da licitação, como também se configuram como os dois objetivos naturais do processo licitatório. O primeiro visa assegurar a igualdade de oportunidades para todos os particulares que desejarem contratar com a administração pública, evitando escolhas arbitrárias e prejudiciais à própria administração. O segundo, em razão da indisponibilidade do interesse público, visa garantir que o poder público contrate com o particular, obtendo a maior vantagem possível, em prol do interesse da coletividade e utilizando-se, de forma adequada, do dinheiro público, respeitando os princípios da economicidade e da probidade administrativa.

Diante deste último objetivo, surge a ideia — defendida por diversos autores,[1] como Meirelles, Servídio, Silva, Figueiredo, Moreira, entre outros — de que a licitação estaria intimamente ligada ao direito financeiro, tendo corroborado para o supra-entendimento o ministro relator Moreira Alves, do Supremo Tribunal Federal, na Representação nº 1.057-DF, na qual deixou assentado em seu voto — RTJ, 104:65 — que "as normas atinentes às licitações se situam no campo do direito financeiro e não do direito administrativo" (Mukai, 1999:4-5).

Em contrapartida, ao lecionar sobre licitações, Bandeira De Mello (2000:457) assim se posicionou: "com efeito, o tema é estritamente de Direito Administrativo". No mesmo sentido, leciona Mukai (1999:6-7):

> A natureza jurídica das licitações e contratos administrativos só pode estar subsumida ao direito administrativo, já que, do ponto de vista formal, a licitação é um procedimento administrativo prévio ao contrato, e este é ato negocial da Administração, de formalização procedimental.
> Entretanto, sob o aspecto material ou substancial, tanto uma como outro consubstanciam aspectos financeiros e de "Gestão Patrimonial". E para o Texto Constitucional é isso que interessa (o aspecto material e não o formal).

Não podemos, portanto, deixar de concordar que nas licitações e nos contratos administrativos há, sem dúvida, sob aspecto material, assuntos relativos à gestão patrimonial da coisa

---

[1] Cf. Mukai (1999:4).

pública, de ordem geral e específica, além daqueles de ordem procedimental (estes puramente administrativos).

Com a promulgação da Carta Magna, tal discussão se tornou irrelevante, pois, como será verificado em seguida, esta reconheceu competência privativa à União para legislar acerca de normas gerais sobre licitações, consoante prevê o art. 22, XXVII, da CF/88. Assim, não mais é relevante a natureza da licitação para fins de competência para legislar sobre a matéria.

Normas gerais

Como já mencionado, o art. 22, XXVII, da CF/88 conferiu competência à União para legislar sobre normas gerais de licitação e contratação, em todas as modalidades, para as administrações públicas diretas, autárquicas e fundacionais da União, dos estados, do Distrito Federal e dos municípios. A redação dada pela Emenda Constitucional nº 19/1998 estabelece que as empresas públicas, bem como as sociedades de economia mista, devem seguir um estatuto jurídico próprio, consoante prevê o art. 173, §1º, da Carta Magna.

Note-se que a Lei nº 8.666/1993, em seu art. 1º, dispôs que todas as normas ali previstas deveriam ser tratadas como normas gerais, o que desencadeou entendimentos diversos na doutrina.

A discussão se fundamenta no sentido de que a referida lei, ao estabelecer todas as suas normas como normas gerais, teria esgotado a matéria relativa a licitações e contratos administrativos, sendo incompatível com o próprio conceito de normas gerais, estas que têm como característica, de acordo com Moreira Neto[2]

---

[2] Ofício nº 1/88 — DFMN, exarado no Processo nº E.14/35886/87 da Procuradoria Geral do Estado do Rio de Janeiro.

(apud Souto, 2004a:2), "serem de cunho nacional, traçadoras de diretrizes, e serem informativas, dando conteúdo indispensável do ato que vai concretizá-las".

Igualmente entende Souto (2004a:3) ao expor que o Estatuto de Licitações e Contratos da Administração "não pode descer a detalhes e particularidades sob pena de incidir em inconstitucionalidade por invasão da competência supletiva de estados, Distrito Federal e municípios".[3]

Dessa forma, em respeito ao princípio federativo (art. 18 da CF/88) e, por conseguinte, à autonomia dos estados e municípios, não se pode considerar que a Lei nº 8.666/1993 seja constituída somente por normas gerais. Nesse sentido, restou configurado o entendimento do Supremo Tribunal Federal ao julgar medida cautelar na Ação Direta de Inconstitucionalidade nº 927-3/RS, promovida pelo governador do estado do Rio Grande do Sul, acerca dos arts. 1º e 118 da Lei nº 8.666/1993.

Insta destacar a consideração de Justen Filho (2002b:14):

> Lembre-se de que negar a uma disposição da Lei nº 8.666/1993 a condição de "norma geral" não equivale a negar sua constitucionalidade. O dispositivo valerá como disposição específica no âmbito da União, liberando-se os demais entes federativos para disciplinar com autonomia a mesma matéria.

Dessa forma, resta concluir que as normas estaduais e municipais que forem incompatíveis com as normas gerais do Estatuto de Licitações e Contratos da Administração deverão ser afastadas, sob pena de tornar letra morta a Carta Magna

---

[3] Exercendo a sua competência suplementar, o estado do Rio de Janeiro editou a Lei nº 5.427, de 1º de abril de 2009, que visa disciplinar os processos administrativos estaduais. Tem-se notícia, no mesmo sentido, de que vem sendo elaborado um projeto de lei estadual de licitações e contratos.

de 1988. Em contrapartida, aquelas normas da referida lei que não são consideradas normas gerais cederão lugar às normas das legislações estaduais e municipais, se incompatíveis com as mesmas.

Princípios gerais, doutrinários e setoriais da licitação

Os princípios gerais da administração pública, quais sejam, legalidade, impessoalidade, moralidade, publicidade e eficiência, estão previstos no art. 37, *caput*, da CF/88 e, por conseguinte, devem ser respeitados pelo certame licitatório.

Não obstante os mencionados, há os princípios setoriais da licitação previstos no art. 3º da Lei nº 8.666/1993. São eles: o princípio da igualdade, da vinculação ao instrumento convocatório, do julgamento objetivo e da probidade administrativa.

É importante deixar assentado que a doutrina dissente quanto ao número dos princípios que regem a licitação, apresentando outros, como os princípios da competitividade, da padronização, do sigilo, do procedimento formal, por exemplo.

Nesse sentido cumpre apresentar tantos quantos forem possíveis, para a melhor compreensão do processo licitatório.

Princípio da legalidade

Previsto em sua plenitude no art. 4º da Lei nº 8.666/1993, o *princípio da legalidade* visa submeter o processo licitatório às normas previstas na referida lei, estabelecendo o procedimento a ser adotado, as hipóteses de sua obrigatoriedade e dispensa, os direitos dos licitantes, as modalidades de licitação, bem como os princípios para a contratação. Deve-se observar que todos aqueles que participem ou que queiram participar, mas que, no entanto, sejam proibidos por algum motivo, têm direito subjetivo à fiel observância do pertinente procedimento estabelecido na lei *supra* (Bandeira de Mello, 2000:462).

Não se pode olvidar que, atualmente, tal princípio vem sofrendo uma releitura constitucional. Trata-se da consagração do princípio da juridicidade, no qual deve ser realizada uma vinculação do procedimento licitatório ao atendimento dos valores constitucionalmente tutelados.

Princípio da moralidade e probidade administrativa

De acordo com Bandeira de Mello (2000:463), este princípio indica que o procedimento licitatório terá de se desenrolar em conformidade com padrões éticos prezáveis, o que impõe, para a administração e para os licitantes, um comportamento escorreito, liso e honesto de parte a parte. Nesse diapasão, é certo afirmar que guarda estreita relação com o princípio da probidade administrativa, devendo obediência à moralidade e à boa-fé por parte dos licitantes, evitando, dessa forma, a exposição do erário a aventuras, prejuízos ou enriquecimento sem causa (Souto, 2004a:10).

Atualmente, tal princípio pode ser visto como uma decorrência natural do "direito fundamental à boa administração pública".

O "direito à boa administração", em tempos de valorização dos direitos fundamentais, vem sendo debatido no âmbito da União Europeia, que o consagra expressamente no art. 41 de sua Carta de Direitos Fundamentais, proclamada em 7 de dezembro de 2000, nos seguintes termos: "*Toda persona tiene derecho a que las instituciones y órganos de la Unión traten sus asuntos imparcial y equitativamente y dentro de un plazo razonable*".

Freitas (2007:1) explica esse "direito à boa administração pública" nos seguintes termos:

Nesse desiderato, o direito à boa administração pública é norma implícita de direta e imediata eficácia em nosso sistema constitucional, a impelir o controlador de fazer as vezes de administrador negativo, isto é, a terçar armas contra a discricionariedade exercida fora dos limites ou aquém dos limites — a saber, de maneira extremada ou deficiente.

Portanto, não há dúvida de que surge para os licitantes um direito público subjetivo à atuação proba dos agentes que conduzem os procedimentos licitatórios.

Princípio da publicidade

A Lei nº 8.666/1993, no §3º do art. 3º, prevê que a licitação não será sigilosa, sendo públicos e acessíveis ao público os atos de seu procedimento, salvo quanto ao conteúdo das propostas até a respectiva abertura. Somando-se a isso, o art. 4º ainda possibilita que qualquer cidadão acompanhe o desenvolvimento do certame licitatório. Por essa razão, os atos devem ser expostos ao conhecimento de quaisquer interessados através da imprensa oficial, todavia de forma compreensível e com linguagem adequada.

Como bem salienta Souto (2004a:15), a lei não atentou para a possibilidade de não publicação da licitação em razão de segurança púbica, hipótese em que se dispensa o procedimento da publicidade, não se configurando, por conseguinte, violação ao referido princípio: "São os casos de atos em licitações em processo de desestatização, em que os tumultos são inibidores da normal evolução do processo". Dessa forma, é prudente que não sejam abertos ao público em geral.

Registre-se, nesse passo, que o PLC nº 32/2007, que pretende alterar dispositivos da Lei nº 8.666/1993, visando ampliar a abrangência do princípio da publicidade, possibilitará que as publicações dos atos procedimentais do certame sejam realizadas em sítios oficiais da administração pública. Confira-se o inciso IV do art. 21 do referido PLC:

> Art. 21. A publicidade oficial das licitações será veiculada:
> [...]
> IV – no sítio oficial da Administração Pública da União, do Estado, do Distrito Federal ou do Município, conforme o caso, devendo ser os atos assinados digitalmente, nos termos do parágrafo único do art. 6º desta Lei, e providos de carimbo de tempo nos padrões definidos pelo Observatório Nacional.
> [...]
> §5º A publicidade em sítios oficiais da Administração Pública não substitui a publicação na imprensa oficial, salvo determinação em contrário contida em decreto do Poder Executivo da respectiva esfera de governo.

Princípio da igualdade e impessoalidade

Previsto no art. 37, XXI, da CF/88, o *princípio da igualdade e impessoalidade* consiste em tratar de maneira isonômica todos os participantes do certame, bem como todos aqueles que desejarem participar do processo licitatório e que possam oferecer as condições para tanto.[4]

Como bem dispõe o §1º do art. 3º da Lei nº 8.666/1993, é vedado, no ato convocatório da licitação, admitir, prever,

---

[4] Cf., nesse sentido, Acórdão nº 556/2000 do Tribunal de Contas da União — Segunda Câmara: "Tomada de Contas Especial. Convênio. Fundação Nacional de Saúde. Prefeitura Municipal de Barão de Melgaço, MT. Execução parcial da meta pactuada. Inobservância do princípio da igualdade entre licitantes. Direcionamento da licitação privilegiando empresa de pessoas ligadas ao gestor municipal. Empresa revel. Contas irregulares. Multa. Determinação".

incluir ou tolerar cláusulas ou condições que comprometam seu caráter competitivo e estabeleçam distinções em razão da naturalidade, da sede ou do domicílio dos licitantes, bem como em razão da natureza comercial, legal, trabalhista, previdenciária ou qualquer outra, entre empresas brasileiras e estrangeiras, inclusive no que se refere à moeda, modalidade e local de pagamentos.

Da mesma forma, a Lei nº 4.717/1965, em seu art. 4º, inciso III, alínea "b", repudia a inclusão de cláusulas em editais de licitação que frustrem o caráter competitivo dos certames:

> Art. 4º. São também nulos os seguintes atos ou contratos, praticados ou celebrados por quaisquer das pessoas ou entidades referidas no art. 1º.
> [...]
> III – A empreitada, a tarefa e a concessão do serviço público, quando:
> a) o respectivo contrato houver sido celebrado sem prévia concorrência pública ou administrativa, sem que essa condição seja estabelecida em lei, regulamento ou norma geral;
> b) no edital de concorrência forem incluídas cláusulas ou condições, que comprometam o seu caráter competitivo;

No entanto, é importante observar que, em caso de empate das propostas dos licitantes, o §2º do art. 3º da Lei nº 8.666/1993 dispõe que se deve assegurar preferência sucessivamente aos bens e serviços produzidos ou prestados por empresas brasileiras de capital nacional; aos produzidos no país e aos produzidos ou prestados por empresas brasileiras.

Resta evidente que o que se deseja é assegurar a igualdade de condições entre todos os interessados em contratar com a administração pública, "de modo que os licitantes só possam ser desigualados por critérios objetivos, previstos na lei ou edital, que convirjam para a busca da proposta mais vantajosa", como leciona Moreira Neto (2003:175).

Decorre deste o princípio constitucional da impessoalidade, uma vez que este, de acordo com Bandeira de Mello (2000:462), "encarece a proscrição de quaisquer favoritismos ou discriminações impertinentes, sublinhando o dever de que, no procedimento licitatório, sejam todos os licitantes tratados com absoluta neutralidade".

Por fim, mister se faz destacar, de acordo com Fernandes (2000:930-937):

> Os princípios nucleares da licitação são a isonomia e o interesse público. A ofensa a qualquer um desses princípios é capaz de causar vício insanável à licitação. [...]
>
> Todos os princípios, as exigências e os procedimentos, imputados à licitação, em qualquer das suas fases ou etapas, devem guardar relação com os seus princípios nucleares. Serão meios de concretização dos princípios da isonomia e do interesse público ou meros desdobramentos. Não se justificam por si próprios.

Resta imperioso, por fim, ressaltar que a Lei Complementar nº 123/2006, que institui o Estatuto Nacional da Microempresa e da Empresa de Pequeno Porte, calcada no princípio da igualdade material, estipulou, em diversos dispositivos, tratamento diferenciado para essas empresas nas contratações com a administração pública. Confira-se o disposto no art. 47 do estatuto:

> Art. 47. Nas contratações públicas da União, dos Estados e dos Municípios, poderá ser concedido tratamento diferenciado e

simplificado para as microempresas e empresas de pequeno porte objetivando a promoção do desenvolvimento econômico e social no âmbito municipal e regional, a ampliação da eficiência das políticas públicas e o incentivo à inovação tecnológica, desde que previsto e regulamentado na legislação do respectivo ente.

Trata-se, em última análise, de aplicar o princípio da isonomia na sua vertente material. Vale dizer: tratar igualmente os iguais e desigualmente os desiguais, na medida em que se desigualam.

Princípio da vinculação do instrumento convocatório e do julgamento objetivo

Os *princípios da vinculação do instrumento convocatório e do julgamento objetivo* são princípios setoriais da licitação. O primeiro, previsto no art. 41 da Lei nº 8.666/1993, estabelece a obrigatoriedade de tanto a administração pública como os próprios licitantes interessados se submeterem às regras do edital da licitação. Deve-se restrita observância às condições estabelecidas no edital ou na carta-convite. Ressalte-se que, após a publicação do ato convocatório, as regras constantes no referido edital ou na referida carta-convite não poderão ser alteradas, salvo nos casos de interesse público, mediante procedimento de *rerratificação,* com abertura, por inteiro, do prazo para os licitantes entregarem os envelopes (Gasparini, 2003:405).

O segundo tem por finalidade evitar o subjetivismo no julgamento das propostas e, por conseguinte, selecionar a proposta mais vantajosa para a administração pública. Nesse sentido, leciona Gasparini (2003:408):

O princípio do julgamento objetivo, previsto no art. 3º do Estatuto federal Licitatório, está substancialmente reafirmado nos arts. 44 e 45. Critério objetivo, reforce-se, é o que permite saber qual é a proposta vencedora mediante simples comparação entre elas, quando o tipo de julgamento é o de menor preço. [...] Nas licitações de melhor técnica e [de] técnica e preço a subjetividade do julgamento da proposta técnica deve ser eliminada ao máximo com a adoção de fórmulas aritméticas, como se depreende do disposto nos vários incisos dos §§1º e 2º do art. 46 da Lei federal das Licitações e Contratos da Administração Pública.

Princípio da competitividade ou ampla competição

O *princípio da competitividade ou ampla competição* é, sem dúvida, um dos princípios norteadores de todo o processo licitatório. Nesse sentido, afirma Mukai (1999:17):

> Um dos princípios fundamentais da licitação, que é o da oposição ou competitividade, é tão essencial à matéria que, se num procedimento licitatório, por obra de conluios, faltar competição (ou oposição) entre os concorrentes, falecerá a própria licitação, inexistirá o instituto mesmo.

A ampla competição é a essência da licitação, uma vez que o que se deseja é a obtenção da proposta mais vantajosa para a administração pública, buscando atender o interesse público. É certo que a proposta mais vantajosa será obtida somente havendo concorrência entre os licitantes interessados, como leciona Souto (2004a:6):

> Só há processo de escolha válida se o mercado é livre, isto é, não dominado. Quando esse mercado é a Administração Pública,

deverá ela contratar de acordo com o princípio da competitividade. Tal princípio, positivado na Lei nº 4.717, de 29-6-95 — que regula a ação popular — considera nulos os contratos em que, no edital de concorrência, forem incluídas cláusulas ou condições que comprometam o seu caráter competitivo ou em que a concorrência seja processada em condições que impliquem a limitação das possibilidades normais de competição (art. 4º, III, "b" e "c").

Princípio da economicidade e da eficiência

O *princípio da economicidade* visa à escolha do melhor contrato, o mais vantajoso economicamente para a administração pública (art. 70 da CF/88). Todavia, deve a administração pública observá-lo em conjunto com o *princípio da eficiência*, que consiste na observância da melhor relação custo-benefício entre o capital empregado e o bem adquirido ou, se for o caso, do bem alienado, bem como a manutenção do mesmo (Souto, 2004:20). Nesse sentido, pode-se correlacioná-lo ao princípio da competitividade, uma vez que somente será possível obter a melhor proposta quando, para tanto, houver ampla competição entre os licitantes interessados.

Princípio do procedimento formal

Para assegurar a lisura do processo licitatório, é necessário que seja obedecido o *princípio do procedimento formal*, ou seja, é necessária a adoção de certas formalidades a fim de preservar o sentido e os objetivos da licitação. Contudo, é importante não levá-lo ao extremo. Só são invalidados os atos que, não observando rigorosamente a forma prevista e pela impossibilidade de sanatória, deixam de atingir os objetivos prescritos em lei (Moreira Neto[5] e Martins[6] apud Souto, 2004a:16).

O dever de licitar

Como já dito, o princípio licitatório comporta exceções com vistas ao atendimento dos postulados da proporcionalidade e da razoabilidade. Com efeito.

A questão relativa ao regime das licitações nas sociedades de economia mista, nas empresas públicas e em suas subsidiárias comporta divergências. Isto porque a Emenda Constitucional nº 19/1998 deu nova redação aos arts. 22, XXVII, e 173, §1º, II, da CF/88, que passaram a ostentar a seguinte redação:

> Art. 22. [...]
> XXVII – normas gerais de licitação e contratação, em todas as modalidades, para as administrações públicas diretas, autárquicas e fundacionais da União, Estados, Distrito Federal e Municípios, obedecido o disposto no art. 37, XXI, e para as empresas públicas e sociedades de economia mista, nos termos do art. 173, §1º, III; (Redação dada pela Emenda Constitucional nº 19, de 1998)
> [...]
> Art. 173. [...]
> §1º A lei estabelecerá o estatuto jurídico da empresa pública, da sociedade de economia mista e de suas subsidiárias que explorem atividade econômica de produção ou comercialização de bens ou de prestação de serviços, dispondo sobre: (Redação dada pela Emenda Constitucional nº 19, de 1998)

---

[5] Visto ao Ofício nº 9/88 – ENL, exarado no Processo nº E.09/16189/850/87, da Procuradoria Geral do Estado do Rio de Janeiro.
[6] Ofício nº 7/88 – AHWM, no Processo nº 02/013032/88, da Procuradoria Geral do Estado do Rio de Janeiro.

[...]

III – licitação e contratação de obras, serviços, compras e alienações, observados os princípios da administração pública; (Incluído pela Emenda Constitucional nº 19, de 1998)

O novo texto constitucional, portanto, deixou claro que deve haver dois regimes de contratação distintos: o primeiro, aplicado à administração direta, às autarquias e às fundações; e o segundo, destinado às empresas públicas, às sociedades de economia e suas subsidiárias "que explorem atividade econômica de produção ou comercialização de bens ou de prestação de serviços", a ser estabelecido na lei que dispuser sobre o estatuto jurídico de tais empresas. Assim sendo, poderão as estatais adotar procedimentos licitatórios simplificados, desde que respeitem os princípios constitucionais e os específicos da licitação.

Por esta razão, o art. 119 da Lei nº 8.666/1993[7] não foi recepcionado pela ordem constitucional. Nesse sentido, leciona Souto (2004b:155):

> Como dito, a modificação no art. 22, inciso XXVII, da Carta Constitucional, mantendo a competência privativa a União para legislar sobre normas gerais de licitação e contratação e fazendo expressa remissão ao já mencionado art. 173, §1º, no que se refere às empresas públicas e sociedades de economia mista, previu, expressamente, dois diplomas legais. Logo, as normas

---

[7] "Art. 119. As sociedades de economia mista, empresas e fundações públicas e demais entidades controladas direta ou indiretamente pela União e pelas entidades referidas no artigo anterior editarão regulamentos próprios devidamente publicados, ficando sujeitas às disposições desta Lei.
Parágrafo único. Os regulamentos a que se refere este artigo, no âmbito da Administração Pública, após aprovados pela autoridade de nível superior a que estiverem vinculados os respectivos órgãos, sociedades e entidades, deverão ser publicados na imprensa oficial."

gerais da Lei nº 8.666/93 não foram recepcionadas pelo novo Texto Constitucional, haja vista a atual redação do art. 173, §1º, da Carta Magna. [...] O Tribunal de Contas da União já decidiu: "excluir a obrigatoriedade de a Petrobras Distribuidora — BR — realizar processo licitatório para as contratações de transportes que sejam atividade-fim da empresa, como a de transporte de produtos, permanecendo esta obrigatoriedade para as atividades-meio". Assim o fazendo, considerou que, embora a exigibilidade de observância das normas sobre licitações às empresas estatais, de maneira genérica, pudesse ser inferida da redação original do art. 37, inciso XXI, da Constituição, tal obrigatoriedade geral, sem exceção, não podia ser lida isoladamente, mas, sim, dentro de um contexto. Destarte, considerou que tal regra geral comporta exceção exatamente no art. 173 e §1º da CF, que explicita que o Estado pode explorar atividades econômicas em função de imperativos da segurança nacional ou de relevante interesse coletivo. Por força de tal dispositivo, sujeitam-se as empresas públicas e as sociedades de economia mista ao regime jurídico próprio das empresas privadas, presas a um dever de eficiência, nos termos dos arts. 153[8] e 238[9] da Lei das Sociedades Anônimas (Lei nº 6.404/1976). E mais, atuam em regime de competição, ao lado dos particulares, em relação aos quais não pode ter nem privilégios nem desvantagens, salvo aqueles decorrentes dos fins sociais que determinam sua criação.

Remanesceram, no entanto, dois problemas: (i) estariam as empresas estatais prestadoras de serviços públicos livres também

---

[8] "Art. 153. O administrador da companhia deve empregar, no exercício de suas funções, o cuidado e diligência que todo homem ativo e probo costuma empregar na administração dos seus próprios negócios."
[9] "Art. 238. A pessoa jurídica que controla a companhia de economia mista tem os deveres e responsabilidades do acionista controlador (arts. 116 e 117), mas poderá orientar as atividades da companhia de modo a atender ao interesse público que justificou a sua criação."

para adotar procedimentos simplificados ou permaneceriam elas sujeitas às mesmas regras aplicadas à administração direta, autarquias e fundações?;[10] (ii) enquanto a lei que estabelecerá o estatuto das estatais não for editada, devem elas observar as regras específicas das licitações aplicadas à administração direta, autarquias e fundações?

Quanto ao primeiro ponto, Bandeira de Mello e Justen Filho, entre diversos autores, esposam o entendimento no sentido de que as empresas estatais prestadoras de serviço público continuam sujeitas às regras da Lei nº 8.666/1993 e das leis estaduais e municipais aplicáveis às entidades da administração direta, autarquias e fundações de direito público. Para eles, a Constituição, em seu art. 22, XXVII (c/c art. 173, §1º, III), só quis excepcionar as estatais que exploram atividade econômica das regras genéricas das licitações e contratações públicas.

Em sentido oposto, Grau (2000:133) leciona que o serviço público é espécie do gênero atividade econômica, de forma que o inciso III do §1º do art. 173 da CF/88 englobaria também as prestadoras de serviço público. No mesmo sentido, Almeida (2006:192) conclui que os arts. 173 e 175 "não fazem qualquer espécie de classificação dessas entidades — o que é realizado pela doutrina". E prossegue esclarecendo que "a distinção constitucional tem natureza objetiva — refere-se à atividade exercida", e não à entidade que a exerce. Souto (1999:416), a seu turno, entende ser desnecessária a observância da integralidade da Lei nº 8.666/1993, bastando a observância dos princípios constantes de seu art. 3º, garantindo que se evitem alegações de violação ao princípio da legalidade.

---

[10] Nas palavras de Justen Filho (2005:17): "Como visto, a EC nº 19/1998 deu nova redação ao art. 173 e explicitamente previu a edição de estatuto para as entidades administrativas dedicadas à atividade econômica. Mas não houve alusão às entidades prestadoras de serviço público do art. 175. Isso produz um problema jurídico relevante."

Ressalte-se, nesse particular, a situação peculiar da Petrobras, com a edição da Lei nº 9.478/1997, que, em seu art. 67, estabeleceu que os contratos celebrados por aquela empresa para aquisição de bens e serviços seriam precedidos de procedimento licitatório simplificado, "a ser definido em decreto do Presidente da República".

Ocorre que tal decreto foi efetivamente editado (Decreto nº 2.745, de 24 de agosto de 1997), gerando muita controvérsia acerca de sua constitucionalidade e aplicação.

O TCU, que inicialmente entendia pela aplicação do referido decreto até que fosse questionada e declarada sua inconstitucionalidade, passou a entender, a partir da Decisão nº 633/2002, ser inconstitucional a remessa do tema à competência regulamentar.[11]

Entretanto, o ministro Gilmar Ferreira Mendes — ao apreciar o pedido de liminar no Mandado de Segurança nº 25.888/DF, impetrado contra ato do Tribunal de Contas da União, que determinou à impetrante e seus gestores que se abstivessem de aplicar o Regulamento de Procedimento Licitatório Simplificado aprovado pelo Decreto nº 2.745 —, em 22 de março de 2006, assim decidiu:

> A submissão legal da Petrobras a um regime diferenciado de licitação parece estar justificado pelo fato de que, com a relativização do monopólio do petróleo trazida pela EC nº 9/1995, a empresa passou a exercer a atividade econômica de exploração do petróleo em regime de livre competição com as empresas privadas concessionárias da atividade, as quais, frise-se, não estão submetidas às regras rígidas de licitação e contratação da Lei nº 8.666/1993. Lembre-se, nesse sentido, que a livre concorrência pressupõe a igualdade de condições entre os concorrentes.

---

[11] Cf. Justen Filho (2005:20).

Assim, a declaração de inconstitucionalidade, pelo Tribunal de Contas da União, do art. 67 da Lei nº 9.478/1997, e do Decreto nº 2.745/1998, obrigando a Petrobras, consequentemente, a cumprir as exigências da Lei nº 8.666/1993, parece estar em confronto com normas constitucionais, mormente as que traduzem o princípio da legalidade, as que delimitam as competências do TCU (art. 71), assim como aquelas que conformam o regime de exploração da atividade econômica do petróleo (art. 177).

[...]

A urgência da pretensão cautelar também parece clara, diante das consequências de ordem econômica e política que serão suportadas pela impetrante caso tenha que cumprir imediatamente a decisão atacada. Tais fatores estão a indicar a necessidade da suspensão cautelar da decisão proferida pelo TCU, até o julgamento final deste mandado de segurança.

Ante o exposto, defiro o pedido de medida liminar, para suspender os efeitos da decisão proferida pelo Tribunal de Contas da União (Acórdão nº 39/2006) no processo TC nº 008.210/2004-7 (Relatório de Auditoria).

[...]

Da mesma forma, em recente decisão (9 de maio de 2006) na questão de ordem em medida cautelar na Ação Cautelar nº 1.193/RJ, também relatada pelo ministro Gilmar Mendes, a Segunda Turma do STF decidiu por deferir a cautelar para conferir efeito suspensivo a recurso extraordinário interposto contra acórdão proferido pela Primeira Turma do Superior Tribunal de Justiça nos autos da Medida Cautelar nº 6.725, que restabeleceu a eficácia da tutela antecipada concedida pelo juízo da 15ª Vara Cível da comarca da capital do estado do Rio de Janeiro, a qual, por sua vez, suspendeu licitações promovidas pela requerente com base no Regulamento do Procedimento Licitatório Simplificado, aprovado pelo Decreto nº 2.745/1998, passando, dessa forma, a ser possível a aplicação do procedimento previsto naquele decreto.

Por outro lado, resta saber se as entidades paraestatais[12] se submetem ao disposto na Lei nº 8.666/1993. Nesse particular encontram-se os serviços sociais autônomos, que são pessoas jurídicas de direito privado situadas no terceiro setor do Estado gerencial brasileiro, que tem por objeto de atuação realizar atividade de interesse público sem fins lucrativos. Sobre o tema, confira-se Meirelles (1999a:337):

> Serviços sociais autônomos são todos aqueles instituídos por lei, com personalidade de Direito Privado, para ministrar assistência ou ensino a certas categorias sociais ou grupos profissionais, sem fins lucrativos, sendo mantidos por dotações orçamentárias ou por contribuições parafiscais. São entes paraestatais, de cooperação com o Poder Público, com administração e patrimônio próprios, revestindo a forma de instituições particulares convencionais (fundações, sociedades civis ou associações) ou peculiares ao desempenho de suas incumbências estatutárias.

Tais entidades não são integrantes da administração pública indireta nem tampouco estão hierarquicamente subordinadas ao poder público, restando submetidas apenas a um controle finalístico — que deve ser realizado pelo órgão estatal mais próximo à atividade que cada uma delas exerce — e à prestação de contas, ao tribunal competente, do dinheiro público que recebem para fomentar suas atividades. As entidades do Sistema "S" são criadas por meio de lei autorizativa. Contudo, diferentemente

---

[12] Moreira Neto (2005:261) expõe o seguinte conceito de entidades paraestatais: "Paraestatais são pessoas jurídicas de direito privado, criadas por lei para desempenhar, por delegação legal, atribuições de natureza executiva no campo das atividades sociais e econômicas cometidas ao Estado".

das estatais — hipótese na qual a autorização é destinada ao poder público, permitindo que ele crie a estatal —, no caso dos serviços sociais autônomos tal autorização é destinada a setor específico da economia, permitindo que ele crie certo serviço social autônomo.

A manutenção de tais entidades é feita, em geral, de duas maneiras: ou por meio de contribuição parafiscal, na forma do art. 149 da CF/88,[13] recolhida pelo INSS e repassada às entidades, ou por meio de dotação orçamentária.[14]

Conforme apresentado anteriormente, os serviços sociais autônomos têm por intuito o desenvolvimento de atividades de maneira mais ágil e eficiente que o Estado. Assim, sendo anseio coletivo e estatal fomentar a aprendizagem e o aperfeiçoamento profissional, bem como oferecer assistência social, mesmo que a certos extratos da sociedade, o Estado se vale de uma pessoa de direito privado, comprometida estatutariamente com tais finalidades e livre das amarras que ditam a atividade da administração pública, como a obrigatória realização de concurso público para preencher seu quadro de profissionais, a obrigatória realização de procedimento licitatório para exercer suas atividades.

No tocante à obrigatoriedade ou não de licitar é que reside maior controvérsia no âmbito da disciplina do Sistema "S", mor-

---

[13] "Art. 149. Compete exclusivamente à União instituir contribuições sociais, de intervenção no domínio econômico e de interesse das categorias profissionais ou econômicas, como instrumento de sua atuação nas respectivas áreas, observado o disposto nos arts. 146, III e 150, I e III, e sem prejuízo do previsto no art. 195, §6º, relativamente às contribuições a que alude o dispositivo."

[14] Como é competência exclusiva da União criar contribuições sociais, as entidades que têm sua manutenção realizada por este meio são federais. Contudo, pode o Estado criar serviço social autônomo, desde que averbado por meio de dotação orçamentária. Exemplo desta hipótese pode ser observado no Paraná, onde foram criados o Paraná-Cidade e o Paraná-Educação.
Cabe ainda ressaltar que tais entidades podem receber também contribuições associativas e doações, e que, salvo se estas forem dedutíveis de imposto de renda, fica afastado o controle do Tribunal de Contas quanto a esse dinheiro, pois situado na esfera do patrimônio privado. Nesse sentido: Souto (1999:394).

mente relacionada à compreensão das disposições contidas nos arts. 5º, XVIII, e 22, XXVII, da CF/88, e nos arts. 1º, parágrafo único, e 119 da Lei nº 8.666/1993.[15] Em primeiro momento, o TCU se manifestou no sentido de que os serviços sociais autônomos deveriam, obrigatoriamente, preceder suas contratações de procedimentos licitatórios, chegando a determinar, inclusive, que, na existência de regulamento interno, as disposições trazidas por este deveriam ser consonantes, e não contrárias, às da Lei nº 8.666/1993.[16]

---

[15] CF/88 (grifos nossos):
"Art. 5º. Todos são iguais perante a lei, sem distinção de qualquer natureza, garantindo-se aos brasileiros e aos estrangeiros residentes no País a inviolabilidade do direito à vida, à liberdade, à igualdade, à segurança e à propriedade, nos termos seguintes:
[...]
XVIII – a criação de associações e, na forma da lei, a de cooperativas independem de autorização, *sendo vedada a interferência estatal em seu funcionamento*;
[...]
Art. 22. Compete privativamente à União legislar sobre:
[...]
XXVII – normas gerais de licitação e contratação, em todas as modalidades, para as administrações públicas diretas, autárquicas e fundacionais da União, Estados, Distrito Federal e Municípios, obedecido o disposto no art. 37, XXI, e para as empresas públicas e sociedades de economia mista, nos termos do art. 173, §1º, III;
[...]".
Lei nº 8.666/1993 (grifos nossos):
"Art. 1º. [...]
Parágrafo único. Subordinam-se ao regime desta Lei, além dos órgãos da administração direta, os fundos especiais, as autarquias, as fundações públicas, as empresas públicas, as sociedades de economia mista e *demais entidades controladas direta ou indiretamente pela União, Estados, Distrito Federal e Municípios*.
[...]
Art. 119. As sociedades de economia mista, empresas e fundações públicas e *demais entidades controladas direta ou indiretamente* pela União e pelas entidades referidas no artigo anterior editarão regulamentos próprios devidamente publicados, ficando sujeitas às disposições desta Lei".
[16] "Decisão nº 408/1995 – Plenário. [...] 10. Recentemente, o Tribunal, ao acolher o voto proferido pelo eminente Ministro Homero Santos, entendeu que, *mesmo na vigência da Lei nº 8.666/1993, os Serviços Sociais Autônomos (como é o caso do Senai) estão submissos aos ditames do Estatuto das Licitações e Contratos Administrativos* (Ata nº 8/1995 – 1ª Câmara – Decisão nº 47/1995). 11. Observa-se, assim, que, em se tratando de entidade congênere, a mesma decisão aplicar-se-ía ao Senai. 12. No presente caso, o ponto fundamental dos argumentos apresentados pela Diretoria Regional prende-se à alegação de que o Senai não estaria sujeito ao controle indireto da União e, via de consequência, não

Contudo, em segundo momento, o referido Tribunal de Contas mudou diametralmente de posicionamento, para asseverar que os destinatários do princípio da obrigatoriedade da licitação seriam apenas os entes da administração direta e indireta, não estando compreendidos neles os serviços sociais autônomos; a Lei nº 8.666/1993 não poderia alargar o rol de destinatários previsto no art. 22, XXVII, da CF/88, abrangendo seu alcance; e o termo "entidades controladas" seria referente apenas às empresas públicas e sociedades de economia mista, como dispõe o art. 243, §2º, da Lei nº 6.404/1976. Confira-se, por paradigmático, trecho da decisão:

> Decisão 461/1998 – Plenário
>
> O Tribunal Pleno, diante das razões expostas pelo Relator, decide: 1 – receber a presente minuta de Regulamento de Licitações e Contratos das entidades integrantes do Sistema "S", mencionadas no item 4 *supra*, tendo em vista a Decisão Plenária/TCU nº 907/1997, prolatada na Sessão de 11/12/1997, que concluiu

---

lhe alcançaria o art. 1º, parágrafo único, e 119 da atual Lei nº 8.666/1993, que revogou o DL nº 2.300/1986. 13. *Ora, a mencionada Lei reproduziu, nos dispositivos citados, o texto do art. 86 do Decreto-lei nº 2.300/1986, inovando no sentido de conferir caráter impositivo a todas as suas disposições, e não apenas aos princípios básicos de licitação*, na seguinte forma, *ipsis litteris*: 'Art. 1º. [...] Parágrafo único. Subordinam-se ao regime desta Lei, além dos órgãos da administração direta, os fundos especiais, as autarquias, as fundações públicas, as sociedades de economia mista e *demais entidades controladas direta ou indiretamente pela União*, Estados, Distrito Federal e Municípios (o grifo não é do original). Art. 119. As sociedades de economia mista, empresas e fundações e demais entidades controladas direta ou indiretamente pela União e pelas entidades referidas no artigo anterior (Estados, DF e Municípios) editarão regulamentos próprios devidamente publicados, ficando sujeitas às disposições desta Lei. Parágrafo único. Os regulamentos a que se refere este artigo, no âmbito da Administração Pública, após aprovados pela autoridade de nível superior a que estiverem vinculados os respectivos órgãos, sociedades e entidades, deverão ser publicados na imprensa oficial'. [...] 16. Percebe-se, assim, que o conceito de Convite, na acepção do Senai, não permite que os interessados manifestem seus interesses com antecedência de até 24 (vinte e quatro) horas de participarem do procedimento licitatório, *o que vai de encontro aos ditames estabelecidos pela Lei nº 8.666/1993*" (grifos nossos).

que *os Serviços Sociais Autônomos não estão sujeitos à observância aos estritos procedimentos estabelecidos na Lei nº 8.666/1993, e sim aos seus regulamentos próprios devidamente publicados, consubstanciados nos princípios gerais do processo licitatório*; 2 – informar à Confederação Nacional da Indústria que: 2.1 – cabe aos próprios órgãos do Sistema "S" aprovar os regulamentos internos de suas unidades; 2.2 – este Pretório, ao julgar as contas e ao proceder à fiscalização financeira das entidades do Sistema "S", pronunciar-se-á quanto ao cumprimento dos regulamentos em vigor, relativamente a licitações e contratos, bem como à pertinência desses regulamentos em relação à Decisão/Plenário/TCU nº 907/1997, prolatada na Sessão de 11-12-1997; e 3 – arquivar o presente processo [grifos nossos].

Em doutrina, o tema ainda é controvertido. De um lado, Carvalho Filho (2007:462) posiciona-se no sentido de que é devido aos serviços sociais autônomos licitar, justificando seu posicionamento doutrinário nos seguintes termos:

> Por outro lado, estão obrigadas a realizar licitação antes de suas contratações, como o exige a Lei nº 8.666/1993, que, de forma clara, consigna que se subordinam a seu regime jurídico, além das pessoas da Administração Indireta, "*as demais entidades controladas direta ou indiretamente pela União, estados, Distrito Federal e Municípios*".
> [...]
> Primeiramente, o fato de o art. 22, XXVII, da CF, aludir apenas à administração direta e indireta não exclui a possibilidade de o legislador exigir que outras pessoas se submetam também à Lei nº 8.666/1993. Afinal, se a própria lei autorizou a criação de tais pessoas, nada impediria que instituísse mecanismos especiais de controle, pois que afinal todas têm algum elo de ligação com o poder público. Desse modo, o Estatuto, como lei

federal que é, poderia alargar o alcance do dispositivo federal para incidir sobre tais entidades (como o fez realmente no art. 1º, parágrafo único), por isso que a Constituição em nenhum momento limitou a lei licitatória *apenas* às pessoas da Administração Direta e Indireta; exigiu-se tão somente que para estas sempre haveria subordinação ao Estatuto.

Por fim, não se nos afigura correto o entendimento de que a expressão "*controladas indiretamente*" se refira somente às sociedades reguladas pela Lei nº 6.404/1976. A circunstância de as entidades, embora organizadas pelo setor privado, terem sido previstas em lei, somada ao fato de lhes ter sido instituído o direito a contribuições parafiscais pagas obrigatoriamente pelos contribuintes, caracterizando-se como recursos públicos, é fundamento mais do que suficiente para submetê-las a controle do Poder Público, e isso realmente ocorre em relação a suas contas, que, como vimos, sujeitam-se a controle do Tribunal de Contas.

Moreira Neto (1997:91), por sua vez, discorre sobre a disciplina do Sistema "S", apontando no sentido da desobrigação de suas entidades licitarem, devido à observância à disposição do art. 5º, XVIII, da CF/88 e por considerar tal obrigação uma interferência estatal sem fundamento constitucional:

> Como os serviços sociais autônomos, por serem associações civis, gozam das garantias do art. 5º, XVIII, só serão admitidas as interferências estatais previstas constitucionalmente como necessárias para a garantia da prossecução de suas respectivas finalidades sociais.
>
> Há, portanto, condicionamentos constitucionais a serem observados, não podendo ser criados nem ampliados por leis infraconstitucionais, já que o legislador constitucional as estabeleceu em *numerus clausus*, conforme adiante se examina.

Como se pode perceber, o tema do dever de licitar ainda causa polêmicas. Por esta razão, o intérprete deve avaliar, em concreto, os benefícios que serão percebidos com a realização do procedimento licitatório, posto que a licitação não pode ser considerada como um fim em si, mas como um instrumento garantidor dos princípios da economicidade (art. 70 da CF/88) e da eficiência (art. 37 da CF/88).

Questões de automonitoramento

1. Após ler este capítulo, você é capaz de resumir o caso gerador do capítulo 6, identificando as partes envolvidas, os problemas atinentes e as soluções cabíveis?
2. Diante dos princípios apresentados, é possível que a administração pública, após a liberação do edital de licitação, contrate com alteração de alguma das cláusulas ali previstas?
3. O art. 1º da Lei Federal nº 8.666/1993 estabelece que as normas ali contidas são normas gerais sobre licitações e contratos administrativos. Assim sendo, estados e municípios podem legislar acerca da matéria?
4. Em sua opinião, podem as estatais adotar procedimentos simplificados para suas licitações, mesmo diante da ausência da lei prevista no art. 173, §1º, da CF/88?
5. Toda restrição estabelecida em procedimento licitatório é ilegal?
6. Pense e descreva, mentalmente, alternativas para a solução do caso gerador do capítulo 6.

2 | Modalidades: concorrência, tomada de preços, convite, concurso e leilão. Aspectos polêmicos

Roteiro de estudo

Modalidades de licitação

A Lei nº 8.666/1993 trouxe em seus dispositivos cinco diferentes procedimentos que podem ser adotados para realizar as compras e contratar os serviços de que a administração pública necessita para o atendimento de suas finalidades. São eles: concorrência, tomada de preços, convite, concurso e leilão. Além destes, em momento posterior foi criada a modalidade pregão, que será tratada em outra seção.

Cada um dos procedimentos elencados originalmente em lei tem objetos determinados, ou seja, a lei oferece uma ou mais modalidades de licitação para cada categoria de objeto pretendido.

Começaremos a análise de cada um deles, partindo daquelas modalidades próprias de valores maiores, passando pelas atinentes a valores menores, chegando às chamadas modalidades especiais, as quais não se destinam à aquisição de bens ou serviços.

Concorrência

Esta modalidade foi prevista pelo art. 22, I e seu §1º da Lei nº 8.666/1993:

> Art. 22. São modalidades de licitação:
> I – concorrência;
> [...]
> §1º Concorrência é a modalidade de licitação entre quaisquer interessados que, na fase inicial de habilitação preliminar, comprovem possuir os requisitos mínimos de qualificação exigidos no edital para execução de seu objeto.

A doutrina pátria não se atém à modalidade concorrência em grandes detalhes, limitando-se a enunciar as suas características principais, que a diferenciam do restante das modalidades.

É certo que esta modalidade é a mais plural entre as previstas em lei, pois não se exige qualquer pré-requisito para participação no procedimento. Esta opção legislativa se destina a trazer o maior número possível de licitantes ao certame e propiciar a maior competição possível entre estes, o que, por si só, resulta em melhores preços para a administração.

No entanto, não se diga que qualquer interessado poderá contratar com o poder público. A principal característica desta modalidade é a fase de habilitação prévia, na qual serão analisados os requisitos mínimos que autorizam o interessado a contratar com administração (regularidade jurídica, fiscal, técnica e financeira).

Cumpre esclarecer que, na lição de Justen Filho (2005:196), não é exclusividade da concorrência a presença desta fase de habilitação, visto que a administração deveria proceder de ofício a esta análise antes mesmo de convidar. Na tomada de preços a avaliação é feita quando requerido o cadastramento. Sendo assim, nem mesmo os cadastrados estarão isentos de apresentar documentos habilitatórios no bojo da concorrência.

Outro aspecto que é próprio da concorrência é o prazo mínimo fixado na Lei nº 8.666/1993, a ser observado entre a última publicação do aviso de licitação e a data do recebimento dos envelopes de habilitação e propostas de preço, que deverá ser de 45 dias nos casos da alínea "b" do inciso I do §2º do art. 21, e de 30 dias no caso da alínea "a" do inciso II do §2º do mesmo artigo.

Este prazo se deve ao tipo de objeto que a concorrência se destina a obter. Como veremos no tópico concernente à escolha da modalidade licitatória, a concorrência é própria de contratações que envolvam altos valores e também poderá ser usada para contratar objetos complexos. Em ambas as circunstâncias, o prazo garante o tempo necessário para a formalização correta das propostas que serão apresentadas como meio de facilitar a competição entre os interessados.

Tomada de preços

Trata-se de procedimento historicamente destinado à faixa de contratações intermediárias[17] entre as realizadas por concorrência e as que podem ocorrer por convite. A Lei nº 8.666/1993 dispôs da seguinte forma sobre esta modalidade:

> Art. 22. São modalidades de licitação:
> [...]
> II – tomada de preços;
> [...]

---

[17] Nesse sentido, veja-se a decisão do Superior Tribunal de Justiça no REsp nº 579541/SP, registro 2003/0129889-6, cuja ementa transcrevemos:
"Administrativo. Ação popular. Procedimento licitatório. Desobediência aos ditames legais. Contrato de quantia vultosa. Designação da modalidade 'tomada de preços' no lugar de 'concorrência pública'. Inserção no edital de cláusulas restritivas do caráter competitivo do certame e estabelecimento de cláusulas que permitiram preferências e distinções injustificadas. Desvirtuamento do princípio da igualdade entre os licitantes. Ofensa aos princípios da legalidade e moralidade administrativas. Lesão ao erário público configurada. Nulidade. Preservação do posicionamento do julgado de segundo grau."

§2º Tomada de preços é a modalidade de licitação entre interessados devidamente cadastrados ou que atenderem a todas as condições exigidas para cadastramento até o terceiro dia anterior à data do recebimento das propostas, observada a necessária qualificação.

Da redação do dispositivo *supra*, verifica-se que a primeira peculiaridade pertinente a esta modalidade é a figura do licitante cadastrado.

Cadastramento

O procedimento de cadastramento consiste numa forma de habilitação prévia, pela qual o indivíduo se apresenta à administração munido de documentos comprobatórios de sua idoneidade e habilitação para entregar determinado tipo de objeto à administração pública.

Os cadastros usualmente são divididos em classes ou categorias, as quais permitem que o administrador organize as empresas aptas a cada tipo de tarefa, a fim de facilitar o contato com as mesmas.

Feito o cadastramento, o indivíduo estará minimamente habilitado a contratar com a administração, não sendo necessária a apresentação de toda a documentação prevista no edital para aqueles que não estiverem cadastrados, uma vez que já foi apresentada ao pedir (ou atualizar) o cadastramento.

Sobre o tema, o tribunal de Contas da União já teve a oportunidade de se manifestar no sentido da facultatividade do cadastramento:

> TCU — Decisão nº 654/2000 – Plenário (ministro relator: Benjamin Zymler)
> O Tribunal Pleno, diante das razões expostas pelo Relator, Decide:

[...]

8.2 determinar à Subsecretaria de Planejamento, Orçamento e Administração do Ministério da Cultura que se abstenha de incluir nos editais de concorrência pública, como condição de participação no certame, exigência de que o interessado seja cadastrado ou habilitado parcialmente no Sistema Integrado de Cadastramento Unificado de Fornecedores — Sicaf;

No entanto, vale ressaltar que, dependendo do objeto da licitação, pode ser necessária habilitação específica para certos casos especiais, hipótese na qual o ato convocatório exigirá a documentação pertinente. Sobre este ponto, permanece atual a lição de Meirelles (1999b:74):

> Em regra, o cadastro informatizado só estará apto a fornecer os dados necessários à chamada habilitação genérica, referente à capacidade jurídica e à regularidade fiscal, mas dificilmente terá condições de informar os dados relativos à habilitação específica, que diz respeito à capacidade técnica e qualificação econômico-financeira relacionada com o objeto da licitação efetuada.

Participação de não cadastrados

Com a finalidade de estimular a concorrência, a Lei nº 8.666/1993 trouxe consigo a possibilidade de a tomada de preços ser estendida também aos não cadastrados, o que até hoje causa perplexidade à doutrina, que chega a afirmar que esta possibilidade desvirtua uma das características distintivas desta modalidade (Pereira Junior, 2003:237).

Hoje, a própria lei vem evoluindo no sentido de facilitar o ingresso dos não cadastrados no certame, como podemos observar na introdução do §9º do art. 22,[18] que faculta ao interessado não cadastrado juntar apenas a documentação pertinente ao certame do qual deseja tomar parte, quando os documentos exigidos para o cadastramento forem mais numerosos e exigentes do que os requeridos pelo edital.

Isto posto, cabe-nos enfrentar a questão da habilitação prévia, já que há quem afirme que esta teria acabado quando se permitiu aos não cadastrados apresentar a documentação pertinente até três dias antes do prazo para entrega dos envelopes (Pereira Junior, 2003).

Enquanto Pereira Junior afirma que a análise da documentação dos não cadastrados em momento anterior aos demais viola a isonomia, Fernandes (2000:100-103) e Justen Filho (2005:196-198) adotam linha diversa, concordando com a necessidade da fase de habilitação prévia dos não cadastrados para que as propostas de preço possam ser analisadas ao mesmo tempo.

Parece-nos que o segundo entendimento é o mais acertado, já que não haveria violação alguma à isonomia em analisar a documentação comprobatória da idoneidade e a habilitação técnica básica para a realização daquele tipo de objeto de um determinado grupo, quando a mesma documentação do outro grupo já tenha sido analisada no momento do cadastramento.

Observa-se que este não será o momento em que serão analisados os requisitos técnicos específicos para a realização do objeto, o que se dará quando da abertura dos envelopes de habilitação específica. Crê-se, portanto, que basta a análise prévia cingir-se aos requisitos já analisados no cadastramento para que seja resguardada a isonomia.

---

[18] Lei nº 8.666/1993, art. 22, §9º: "Na hipótese do §2º deste artigo, a administração somente poderá exigir do licitante não cadastrado os documentos previstos nos arts. 27 a 31, que comprovem habilitação compatível com o objeto da licitação, nos termos do edital".

ÓRGÃO COMPETENTE PARA APRECIAR A DOCUMENTAÇÃO

Aqui se constitui novo ponto de divergência, posto que há quem defenda a necessidade de apresentação de documentação à Comissão de Registro Cadastral competente, enquanto outros aduzem que os documentos devem ser postos à apreciação direta da comissão de licitação.

Fernandes (2000:100-104) opina no sentido de que a documentação destinada a garantir a participação na licitação deve ser entregue à Comissão de Licitação, assim como leciona Justen Filho (2005:198), mas este último recomenda parecer da Comissão de Cadastramento para que não haja tratamento desigual.

Pereira Junior (2003:238-239), baseado em sua ótica restritiva à participação de não cadastrados na tomada de preços, opina pelo encaminhamento de qualquer documentação à Comissão de Cadastramento, com a ressalva de que aquela se destina a determinado procedimento licitatório em curso, a fim de obter preferência na análise dos documentos. Nesta esteira, o autor afirma que, faltando algum documento e o cadastramento não podendo ser efetivado, não será possível participar da licitação.

Na lição de Souto (2004a:141-142), o oferecimento da documentação do não cadastrado sempre deverá ser destinada à Comissão de Licitação, uma vez que o objetivo primário deste será participar daquele específico procedimento, ainda que também deseje se cadastrar. Dessa maneira, o cadastro obtido será sempre provisório, não figurando como garantia de habilitação para futuras contratações, posto que o órgão competente para apreciar documentação e pedido de cadastramento é a Comissão de Cadastramento.

CONVITE

O convite é a modalidade estabelecida por lei para contratação de objetos de valores baixos,[19] caracterizando-se pela simplicidade do procedimento. A Lei nº 8.666/1993 assim dispõe sobre esta modalidade:

> Art. 22. São modalidades de licitação:
> [...]
> III – convite;
> [...]
> §3º Convite é a modalidade de licitação entre interessados do ramo pertinente ao seu objeto, cadastrados ou não, escolhidos e convidados em número mínimo de 3 (três) pela unidade administrativa, a qual afixará, em local apropriado, cópia do instrumento convocatório e o estenderá aos demais cadastrados na correspondente especialidade que manifestarem seu interesse com antecedência de até 24 (vinte e quatro) horas da apresentação das propostas.

DO RAMO DE ATIVIDADE

Tendo em vista o princípio da competitividade, bem como o objetivo primário da licitação de obter a proposta mais vantajosa para a administração, deve ser do interesse desta buscar no mercado as empresas que melhor ofertem o objeto pretendido. Obviamente, as melhores ofertas somente poderão ser feitas

---

[19] Não obstante o valor exigido para esta modalidade, o Superior Tribunal de Justiça, em recente decisão, já se manifestou no sentido de que "o convite é admissível nas contratações de obras, serviços e compras dentro dos limites de valor fixados pelo ato competente". Origem: STJ – Superior Tribunal de Justiça. Classe: REsp – Recurso Especial nº 807551. Processo: nº 200600064430. UF: MG. Órgão julgador: Primeira Turma. Data da decisão: 25 set. 2007. Documento: STJ000307792.

por empresas que habitualmente forneçam o bem ou serviço ao mercado, já que não se pode esperar eficiência e bons preços de quem não trabalha naquela atividade.

Vale lembrar que a importância deste ponto reside na possibilidade de fraudar a licitação pela inobservância desta exigência. Uma das práticas adotadas para viciar uma contratação na modalidade convite é convidar empresas que não atuam no ramo relativo ao objeto que será contratado, resultando na apuração de proposta apenas por parte da empresa que se pretendia beneficiar. Este tipo de conduta viola os princípios da isonomia e impessoalidade, pois beneficia um particular em detrimento do interesse público.

Da habilitação

A doutrina clássica afirmava que esta modalidade não exige habilitação, sendo presumida quando a administração resolve convidar aquela pessoa ou empresa.

No entanto, partindo da premissa de que a administração pública não está dispensada de exigir requisitos mínimos de habilitação das empresas com quem deseja contratar, Fernandes (2000:70-74) elenca três possíveis formas de aferir a habilitação dos convidados: cadastramento prévio, habilitação tradicional por meio de envelopes a serem entregues junto com a proposta e convite somente a indivíduos cadastrados.

Quanto à exigência de cadastramento prévio, utilizamo-nos do comentário de Pereira Junior (2003:241), quando nota que os custos da documentação do cadastramento e o baixo valor dos contratos precedidos de licitação na modalidade convite desencorajariam os interessados de requerer o cadastramento perante o órgão da administração pública.

No que diz respeito à habilitação tradicional, esta tende a ser mais detalhada, mas justamente por essa razão pode não ser célere, uma das qualidades que devem marcar a licitação por convite. A possibilidade de uma fase de habilitação distinta traz consigo os recursos e prazos necessários em caso de inabilitação.

Existe ainda a possibilidade de só efetivar convite a empresas anteriormente habilitadas. Nesse sistema, a administração convoca as empresas a apresentar documentação habilitatória antes de realizar o convite. Assim, só serão convidadas a participar do certame as empresas que obtiverem êxito na prévia habilitação. A vantagem deste procedimento reside na possibilidade de eventual correção de qualquer vício apresentado, sem maiores formalidades, já que não se estará sob o rigor das normas da Lei nº 8.666/1993 sobre procedimento de avaliação de habilitação. Ressalte-se que não se trata de desrespeito às regras estabelecidas em lei, mas apenas da adoção de procedimento informal dentro dos limites da legalidade.

Documentação exigida

Conforme preceituado no art. 32, §1º, da Lei nº 8.666/1993, a documentação exigida para contratar pelas modalidades convite, concurso, fornecimento de bens para pronta entrega e leilão poderá ser dispensada no todo ou em parte. Tal determinação tem lugar em função do interesse do legislador em simplificar a realização de tais procedimentos, já que os mesmos têm finalidades específicas. No caso especial do convite, percebe-se que, em razão do valor das contratações possíveis de se realizar por esta modalidade, ele se destina a contratações de pequena monta, tais como aquisição de material de expediente, que necessitam de maior celeridade em seu desenvolvimento.

Ressalte-se que não veio a norma do §1º do art. 32 da Lei nº 8.666/1993 liberar as empresas que contratam com a administração pública pelo convite de apresentar certos documentos.

A própria Constituição Federal, em seu art. 195, §3º, exige, como requisito para contratar com a administração pública, a inexistência de débitos com o sistema de seguridade social.

Nesta esteira, o Tribunal de Contas da União (TCU) firmou entendimento no sentido de exigir não só a comprovação da quitação das obrigações perante o Instituto Nacional de Seguridade Social (INSS), mas também perante o Fundo de Garantia por Tempo de Serviço (FGTS) que, segundo entendimento da ilustre corte de contas, deve ser considerado uma extensão da seguridade social. Vale, ainda, a ressalva de Fernandes (2000:77) de que apenas as pessoas físicas estariam exoneradas desta responsabilidade. Advirta-se, todavia, que o Superior Tribunal de Justiça, recentemente, editou a Súmula nº 353,[20] que consagrou o entendimento no sentido de que o FGTS não possui natureza tributária, o que pode vir a modificar, neste aspecto, o entendimento da colenda corte de contas.

DA EXTENSÃO DO CONVITE AOS NÃO CONVIDADOS

A redação do §3º do art. 22 da Lei nº 8.666/1993 garante aos demais cadastrados a faculdade de solicitar a extensão do convite a fim de participar do certame.

O primeiro requisito a ser cumprido era a manifestação do interesse em participar da licitação até 24 horas antes da apresentação das propostas. Para isso, a administração deve dar publicidade à realização da contratação.

A lei exige que seja afixada em local próprio cópia do instrumento convocatório, para que todos os interessados possam tomar conhecimento do mesmo, procedimento comum a todas

---

[20] Súmula nº 353, do STJ: "As disposições do Código Tributário Nacional não se aplicam às contribuições para o FGTS".

as modalidades, mas nada impede que na modalidade em questão a notícia da realização da licitação também seja publicada em *Diário Oficial* ou jornal de grande circulação, como nas outras modalidades. No entanto, a doutrina relembra que, muitas vezes, essa possibilidade de publicação não atende aos interesses da administração, já que o custo desta pode superar o próprio objeto a ser contratado.

Uma vez ciente da realização da licitação, não diverge a doutrina acerca do significado da manifestação de interesse do cadastrado não convidado, bem como do procedimento a ser adotado pela administração nesses casos.

Justen Filho (2005:199) e Fernandes (2000:83) sugerem que o interessado cadastrado que não tiver sido convidado deverá, no resguardo de seus interesses, dirigir pedido por escrito, por meio de protocolo ao órgão responsável pela licitação, a fim de ver sua pretensão atendida. Caso o pedido de extensão seja realizado em prazo inferior ao fixado em lei, estará o administrador autorizado a rejeitar o pedido, já que não disporá de tempo suficiente para analisá-lo.

Por outro lado, quanto à resposta da administração ao pedido, Justen Filho (2005:199) afirma que o prazo exíguo autorizaria a administração a não praticar qualquer ato formal, mas nada impede que tal fato seja realizado se houver tempo para tal.

No que concerne ao julgamento dos pedidos de extensão, não há dúvida quanto à impossibilidade de o ente público negar participação ao cadastrado não convidado, uma vez que seu cadastro regular lhe garantiria os requisitos mínimos para apresentar a sua proposta.

Quanto ao interessado cadastrado que não tenha desempenhado de maneira satisfatória sua função em outros contratos, a doutrina diverge. Justen Filho (2005:200) defende a ideia de que o indivíduo cadastrado que não tenha em seu cadastro registro de mau desempenho em contratação anterior, mesmo que não tenha realizado suas funções adequadamente, não poderá ser excluído do certame. Para o citado autor, ele pode até não ser convidado, já que este ato de convidar é ato discricionário da administração; no entanto, estando o cadastro livre de qualquer anotação negativa, não poderá ser impedido de participar. As anotações negativas do registro devem ser precedidas do exercício do contraditório e da ampla defesa por parte do fornecedor e não podem produzir efeitos antes mesmo de existirem.

Para Fernandes (2000:83-84), também deve prevalecer o contraditório antes de se efetivar a anotação na ficha cadastral do fornecedor defeituoso, mas, para este autor, seria possível que a administração pública tivesse que estender o convite, mesmo que determinado cadastrado apresentasse em seu cadastro defeito na entrega do objeto, unicamente porque o art. 22, §3º, não prevê esta possibilidade de vedação. Isso se aplicaria também aos cadastrados em que estivessem anotados fatos desabonadores que ainda não houvessem resultado em suspensão.

Da praça com mais de três interessados

O §6º do art. 22 da Lei nº 8.666/1993 estabelece a necessidade de convidar um novo cadastrado a cada novo convite, com o objetivo idêntico ou semelhante, nas praças com mais de três possíveis interessados.

A doutrina converge no que toca à possibilidade de continuar convidando as mesmas pessoas, desde que a cada nova licitação seja incluída uma diferente, mesmo que seja trocada uma das empresas habituais. Tal interpretação se deve à inexistência de previsão legal no sentido de que todos os convidados para o novo certame nunca o tenham sido antes.

Pereira Junior (2003:242-243) defende ainda a ideia de que não deve ser tida como nova a empresa que já foi convidada e não compareceu, mas somente aquelas que sequer tenham sido convidadas antes.

Por fim, o mesmo autor traz à análise entendimento do TCU acerca da necessidade da repetição do convite no mesmo processo, só se justificando a autuação de novo processo nos casos de alteração do instrumento convocatório.

Quanto ao número de propostas válidas

Trata-se do tema mais controverso atinente ao convite.

O TCU tem entendimento firmado no sentido de considerar requisito de validade do convite a apresentação de três propostas válidas, independentemente do número de convidados, no que é apoiado por boa parte da doutrina (Fernandes (2000:94-98), Pereira Junior (2003:242-243), Meirelles (1999b:88-89) e Souto (2004a:142-146).

Não atendido este requisito, para o TCU dever-se-á repetir o convite, a não ser que tenha sido verificado manifesto desinteresse dos convidados ou limitações de mercado. Deste entendimento não comungam Pereira Junior (2003) e Fernandes (2000), para os quais, nesta hipótese, será possível dar seguimento ao certame. Noutro ponto de vista, Souto (2004a:146) afirma que, nos casos de manifesto desinteresse ou limitação do mercado, o melhor seria contratar diretamente o indivíduo que tiver oferecido a melhor oferta.

Em recente decisão, o Superior Tribunal de Justiça[21] se manifestou no sentido de que seria necessária, apenas, a participação de ao menos três concorrentes, sob pena de anulação do procedimento, em decisão assim ementada:

---

[21] REsp nº 640679/RS. Registro nº 2004/0013118-9.

Administrativo – Licitação – Modalidade convite – Número mínimo de participantes – Anulação do ato administrativo – Art. 49 da Lei 8.666/1993.

1. Na licitação pela modalidade convite devem participar ao menos três concorrentes, segundo o §3º do art. 22 da Lei 8.666/1993. Não preenchido o número mínimo de participantes, pode a administração anular o certame, com fulcro no art. 49 do mencionado diploma legal.
2. Recurso especial conhecido em parte e, nessa parte, provido.

No que concerne ao manifesto desinteresse, há quem defenda a necessidade de manifestação expressa dos convidados (Fernandes, 2000:89), mas a doutrina majoritária reconhece que este não é o único meio necessário para prová-lo. Para Fernandes (2000:88-91), o desinteresse é provado quando demonstrado que o mercado permaneceu inerte aos convites da administração. Enviados convites a várias empresas, ao sindicato de empresas do ramo, publicados avisos em *Diário Oficial* e jornais de grande circulação e não sendo obtida nenhuma resposta, presume-se verificado o desinteresse do mercado.

Vale ainda lembrar a distinção feita por Pereira Junior (2003:243-244) quando afirma que o desinteresse decorrente de exigências inatendíveis ou insuficiência de publicidade é de culpa da administração, e deve ser repetido o convite depois de sanado o vício. Ao contrário, quando comprovada contingência de mercado que atinge a maioria, se não todas as empresas do mercado, ou sua recusa em contratar com a administração pública, não será hipótese de repetição do certame, mas de continuação dele para que se efetive a contratação da melhor proposta.

Quanto às limitações do mercado, caberá ao administrador comprovar, através de informações colhidas em sindicatos da categoria, Junta Comercial ou até da lista telefônica em localidades onde o mercado é restrito, que já foi diligente ao convidar todos aqueles que estavam ao seu alcance.

Nos casos em que não houver manifesto desinteresse ou limitações de mercado e não forem apresentadas três ofertas válidas, Justen Filho (2005:200-210), Motta (1999:138-140) e Mantovani (2004:382-383) convergem no sentido de autorizar o seguimento do feito sob o argumento de que a validade do processo licitatório não pode estar dependente da vontade subjetiva dos indivíduos.

Além disso, Justen Filho (2005:200) traz à discussão a interpretação do §7º do art. 22, em conjunto com o §3º do art. 48, ambos da Lei nº 8.666/1993, pela qual é possível aos proponentes apresentar novas propostas depois de sanados os vícios das anteriores que foram inabilitadas ou desclassificadas. Nesse sentido, o mesmo autor argumenta que negar seguimento ao procedimento porque só restaram duas propostas válidas não encontraria razoabilidade, já que norma da mesma lei prevê a possibilidade de reapresentação de propostas nos casos em que todas sejam rejeitadas, o que permitiria, inclusive, que estas fossem em número superior a três.

Resta, ainda, como última observação sobre esta modalidade, a questão trazida por Fernandes (2000:94-98), sobre o número de propostas válidas quando houver licitação com o objeto fracionado (ou por itens). Para ele, diferentemente do entendimento adotado pelo TCU, estaria satisfeita a regra das três propostas válidas desde que estas fossem apresentadas em um determinado item, não sendo necessárias em todos eles. Assim, justificando o raciocínio na unidade da licitação, seria possível contratar uma empresa que tem sido a única a apresentar proposta válida para um determinado item, desde que o outro tenha recebido as três legalmente exigidas.

Concurso

A disciplina legal sobre o tema é a seguinte:

Art. 22. São modalidades de licitação:
[...]
IV – concurso;
[...]
§4º Concurso é a modalidade de licitação entre quaisquer interessados para escolha de trabalho técnico, científico ou artístico, mediante a instituição de prêmios ou remuneração aos vencedores, conforme critérios constantes de edital publicado na imprensa oficial com antecedência mínima de 45 (quarenta e cinco) dias.

DA DISTINÇÃO ENTRE A MODALIDADE LICITATÓRIA E O MÉTODO DE ADMISSÃO DE PESSOAL

Inicialmente, cumpre socorrermo-nos da lição de Fernandes (2000:111-112) para afirmar que não se deve confundir a modalidade licitatória do concurso com o método de seleção de pessoal previsto na Constituição Federal para a ocupação de cargos ou empregos públicos:

> De fato, enquanto o concurso público de seleção de pessoal visa preencher cargo ou emprego, o concurso — modalidade de licitação — não visa ao objetivo continuado da Administração. Os cargos ou empregos da Administração Pública serão criados visando à satisfação de necessidades perenes da Administração; [...] outra característica é que os selecionados sempre receberão vencimentos ou salários com periodicidade mensal. Por fim, no concurso público para a seleção de pessoal, almeja-se um trabalho contínuo, não um resultado em si mesmo, nem sempre restrito às pessoas físicas.

Diferenças básicas em relação às modalidades comuns

Destinado à escolha de trabalhos técnicos, científicos ou artísticos, o concurso difere bastante em seu procedimento das demais modalidades licitatórias pelas razões a seguir expostas.

Esta modalidade é regida por um regulamento, que deverá ser publicado no *Diário Oficial*, para que possa chegar ao conhecimento dos interessados. O regulamento estabelecerá, entre outros pontos, o prazo mínimo de 45 dias para apresentação dos trabalhos, e nisto se assemelha à concorrência. Este prazo poderá ser maior, atendendo às necessidades dos interessados, para a realização do trabalho.

Este é um interessante ponto de distinção entre concurso e outras modalidades, em que o prazo se justifica pela necessidade de dar publicidade ampla ao certame, atendendo ao princípio da concorrência. Além disso, o prazo se destinaria ao completo desenvolvimento da proposta.

No concurso, o prazo também tem como finalidade publicizar o certame, mas, acima de tudo, visa assegurar aos interessados o tempo necessário para a realização dos trabalhos.

Em regra, em todas as modalidades licitatórias o julgamento da proposta precede sua execução, mas no concurso ocorre o inverso. Neste, o objeto é entregue pronto e acabado, para que a comissão julgadora o classifique diante dos outros apresentados.

A comissão julgadora, estabelecida pelo regulamento, deverá ser formada por pessoas de reputação ilibada e reconhecido conhecimento na área, sejam elas servidores públicos ou não, na forma do §5º do art. 51 da Lei nº 8.666/1993.

No que concerne aos critérios de julgamento, pertinente é a lição de Justen Filho (2005:202), quando afirma que, mesmo nos casos em que for impossível atribuir o critério objetivo à análise dos trabalhos, deverá o regulamento prever critérios mínimos como forma de evitar decisões arbitrárias.

Outro ponto a ser abordado no regulamento é a exigência ou não de habilitação específica para apresentar o trabalho. Com relação à Lei nº 8.666/1993, Pereira Junior (2003:245-246) enuncia que a redação do inciso I do §1º do art. 52 exigiria habilitação específica do interessado, como nos casos de projetos arquitetônicos, mas existem trabalhos que podem ser executados por qualquer pessoa, sem restrições.

No campo das restrições, é possível aceitá-las como forma de estimular determinados segmentos, tal qual ocorreria quando criado um concurso literário para crianças de ensino fundamental, estudantes de escolas públicas municipais. Nada obriga o poder público municipal a estender o concurso aos estudantes de escolas particulares, por exemplo. No entanto, fica a ressalva de que as restrições não podem implicar dirigismo na licitação, sob pena de anulação do certame.

Ponto essencial ao concurso é a entrega do prêmio ou remuneração ao licitante vencedor. O prêmio pode consistir em recompensas, monetárias ou não, pela realização do trabalho. No entanto, vale ressalvar que não se confunde com o ordenado ou vencimento, os quais se tem por força de contrato ou determinação legal. Pode ainda consistir o prêmio apenas em honraria, posto que seu objetivo era incentivar a prática daquele ato na sociedade.

Cessão dos direitos sobre o projeto

Meirelles (1999b:90) já lecionava que a classificação dos trabalhos e o pagamento do prêmio extinguem o concurso, não havendo qualquer direito a contratação por parte do vencedor. O mesmo autor coloca, com notada clareza, a questão da cessão dos direitos sobre o trabalho:

> A lei condiciona o pagamento do prêmio ou da remuneração a que o autor do projeto ceda os direitos a ele relativos para que

a Administração possa utilizá-la de acordo com o previsto no regulamento ou no ajuste. Quando o projeto se referir à obra imaterial de caráter tecnológico, insuscetível de privilégio, a cessão de direitos incluirá apenas o fornecimento dos dados indispensáveis à tecnologia de concepção, desenvolvimento e a aplicação da obra (art. 111). Da mesma forma, dispõe o art. 52, §2º, que, tratando-se de projeto, o vencedor do concurso deverá autorizar a Administração a executá-la quando entender conveniente.

DA QUESTÃO DA CONTRATAÇÃO DE SERVIÇOS ADVOCATÍCIOS

Especificamente no que diz respeito à contratação de serviços advocatícios, Fernandes (2008:600) sistematiza a questão da seguinte forma:

> Como distinguir, então, se é o caso de contratar, por exemplo, advogado mediante concurso, modalidade de licitação, para prestar serviço, sob contrato de locação de serviços, regido pelo Código Civil Brasileiro, ou contratar mediante concurso público, meio de seleção, para exercer cargo ou emprego público? A questão dependerá essencialmente, no caso específico, do interesse da Administração e do grau de terceirização que pretenda adotar.

Para o citado autor, os casos de inexistência de cargos responsáveis pela representação judicial do órgão ou entidade autorizariam ser contratados serviços advocatícios.

Finalmente, fica a ressalva doutrinária acerca do mau aproveitamento dessa modalidade, visto que a administração pública tem preferido contratar diretamente por inexigibilidade de licitação, com fundamento na notória especialização do contratado, diversos projetos que deveriam ser licitados por concurso. Fernandes (2008:120-121) e Mantovani (2004:383) atentam para o fato de que só será possível a contratação direta quando forem identificadas a singularidade do objeto e a inviabilidade de competição. Para eles, a possibilidade de existência de projeto ou serviço similar já afastaria a possibilidade da contratação direta.

Leilão

Trata-se da segunda modalidade licitatória que a doutrina considera especial, haja vista seu procedimento específico, bastante diferente do procedimento comum aplicado às demais modalidades.

Segundo Justen Filho (2005:202-203), o leilão peculiariza-se pela concentração, em uma única oportunidade, de inúmeros atos destinados à seleção da proposta mais vantajosa. Outra característica salientada pelo mesmo autor é a possibilidade de um mesmo interessado oferecer várias propostas.

A Lei nº 8.666/1993 assim dispôs sobre esta modalidade:

> Art. 22. São modalidades de licitação:
> [...]
> V – leilão.
> §5º Leilão é a modalidade de licitação entre quaisquer interessados para a venda de bens móveis inservíveis para a Administração ou de produtos legalmente apreendidos ou penhorados, ou para a alienação de bens imóveis prevista no art. 19, a quem oferecer o maior lance, igual ou superior ao valor da avaliação.

Seu procedimento caracteriza-se pela apresentação de propostas verbais ou eletrônicas (Sundfeld, 2002:87), sempre públicas, de forma que os outros interessados possam delas tomar conhecimento e, querendo, oferecer proposta maior. Cada interessado fica vinculado pela última proposta, de forma a se obrigar a honrá-la no caso de ser a maior apresentada à administração pelo bem. O interessado só estará desobrigado de sua oferta no caso de superveniência de melhor proposta.

Desta forma, conclui-se não ser necessário qualquer requisito mínimo para participação em licitação realizada por esta modalidade, a não ser a comprovação de condições financeiras mínimas que possibilitem ao interessado honrar a sua proposta.

No entanto, Justen Filho (2005) chama a atenção para a possibilidade de serem criadas restrições à participação de determinado grupo de pessoas. Como exemplo o citado autor coloca a alienação de bens para pessoas carentes ou caso em que o atual contratado pela administração pública não possa participar da nova licitação, tendo em vista que em um mercado viciado a concorrência estaria comprometida, o que demandaria um tratamento desigual para agentes econômicos em situação desigual. Nestes casos, mesmo impostas as restrições, não estaria violado o princípio da isonomia, visto que a finalidade de satisfazer as necessidades públicas primárias estaria resguardada.

Conceito de bem inservível

Quanto aos bens que podem ser objeto desta modalidade de licitação iniciaremos o estudo pelo conceito de bem inservível para a administração.

Segundo Souto (2004a:146-147), bem inservível é aquele que deve apresentar-se inutilizado para as finalidades a que naturalmente se destina, e não a finalidades da administração. Em complementação a este entendimento, Pereira Junior (2003:246) afirma que o bem que, embora inconciliável com o interesse público ou a moralidade administrativa, mantém suas qualidades intrínsecas, será inconveniente ou impróprio, mas não inservível.

Dos bens penhorados

Quanto aos "produtos legalmente apreendidos ou penhorados", a doutrina afirma que o legislador cometeu uma impropriedade ao utilizar o termo "penhorados". Por todos, tomamos a lição de Justen Filho (2005:203):

> A Lei nº 8.666/1993 cometeu erro jurídico evidente, ao introduzir a referência à venda de produtos "penhorados". O bem penhorado é aquele apreendido em processo de execução, por ato do Estado-Jurisdição, para garantia da satisfação do direito do credor munido de título executivo. A Administração não pode alienar bens "penhorados", atividade privativa do Poder Judiciário, que se desenvolve mediante regras próprias.

Ainda de acordo com o entendimento do citado autor, acredita-se que a referência deveria ter sido feita aos bens empenhados, os quais foram dados em garantia pelo particular em virtude de contratos de mútuo realizados com entidades financeiras da administração indireta.

Da escolha do leiloeiro

No que atine à seleção do profissional responsável pela realização do leilão, utiliza-se o disposto no *caput* do art. 53 da Lei nº 8.666/1993, que dispõe que o leilão pode ser cometido a leiloeiro oficial ou servidor designado pela administração.

Souto (2004:147) salienta que o texto legal, ao desincumbir a administração de necessariamente contratar leiloeiro oficial para realizar seus leilões, obriga a realização de procedimento licitatório para contratá-lo, nos casos em que não for designado servidor público para tal.

Motta (1999:140) traz à colação decisão do TCU[22] segundo a qual não deve prosperar o sistema de seleção de leiloeiros públicos usado antes da entrada em vigor da Lei nº 8.666/1993, pelo qual a Junta Comercial organizava rodízios ou sorteios entre os leiloeiros cadastrados e habilitados para exercer a função perante o órgão ou a entidade da administração pública interessada. A orientação consiste na adoção da modalidade convite para a seleção do leiloeiro público, uma vez que seria poder discricionário do administrador optar entre designar um servidor para realizar os leilões ou contratar um profissional para tal.

Da escolha da modalidade de licitação

A Lei nº 8.666/1993 trouxe em seu conteúdo diversos dispositivos que orientam o aplicador a adotar a modalidade correta para a realização da licitação.

A escolha da modalidade poderá realizar-se em função do valor do serviço ou bem que será alienado ou adquirido, em função de especificidades dos interessados ou de características dos objetos.

Usualmente o meio adotado para a escolha da modalidade é o econômico, ou seja, a administração realiza uma estimativa de preço, com base na qual será escolhida a modalidade licitatória própria daquela faixa de valores.

No entanto, podem ocorrer casos em que as propostas, ou mesmo eventos futuros, levem à alteração e à superação da estimativa inicialmente feita.

---

[22] Decisão nº 167.606/1992, *DOU* de 4 jan. 1993, p. 12.

Propostas superiores à estimativa de preços

Nestes casos, a doutrina elenca algumas atitudes diferentes a serem tomadas pela administração pública.

Justen Filho (2005:206) enuncia que a licitação deve ser anulada nos casos em que a melhor proposta for de valor acima da estimativa feita pela administração, sob pena de infringência aos requisitos orçamentários e às determinações do art. 7º, §2º, incisos II e III, e do art. 14 da Lei nº 8.666/1993. Vale a ressalva de que a existência de recursos orçamentários não basta para a continuidade do certame, já que a vinculação deve-se dar com a estimativa de custos iniciais.

O prof. Motta (1999:142-143), citando Yara Darci Police Monteiro, coloca a possibilidade de adoção de duas condutas diversas: a anulação do certame por ilegalidade ou a revogação de alguns itens do objeto, desde que este seja divisível, a fim de reduzir o valor global da contratação, adequando-o à estimativa inicial. Entretanto, a própria autora já ressalvava que este último entendimento não conta com a aceitação de grande parte da doutrina, porque violaria o princípio da vinculação ao instrumento convocatório.

No que concerne aos casos em que a proposta ultrapasse apenas o recurso financeiro disponível, o *Boletim de Licitações e Contratos*[23] já expôs entendimento segundo o qual poderia a administração contratar a melhor proposta, e fazendo uso da faculdade prevista no §1º do art. 65 da Lei nº 8.666/1993, reduzir os quantitativos inicialmente contratados a fim de reduzir o valor do contrato.

Outra dúvida que a doutrina busca solucionar é a da modalidade a ser adotada para a realização de contratos que

---

[23] *BLC*, v. 6, n. 12, p. 528, dez. 1993.

comportam prorrogação, os chamados contratos de duração continuada. Neste caso, Justen Filho (2005:206), acompanhado por Fernandes (2000:150-151), leciona que a melhor solução é escolher a modalidade adequada pelo valor máximo possível do contrato, ou seja, multiplicando-se o prazo máximo de duração do contrato pelo seu valor inicial, verificando-se o custo total do mesmo ao seu término. Não se diga que o valor inicial do contrato deve ser fixado pelo total possível; muito pelo contrário, visto que a administração poderá optar por não prorrogá-lo.

No que diz respeito às hipóteses em que o objeto foi licitado por uma determinada modalidade e, em momento posterior à contratação, surge a necessidade de proceder alguma alteração do objeto contratado, seja ela qualitativa ou quantitativa, a doutrina exige a ocorrência de fatos imprevisíveis, já que a comprovação de falta de planejamento ou má-fé da administração tornaria estas alterações ilegais.

Trataremos da questão por meio da definição de aplicação de cada modalidade licitatória.

Aplicação do convite

Esta modalidade é a aplicável às contratações de obras e serviços de engenharia de valor até o limite estabelecido na alínea "a" do inciso I do art. 23 da Lei nº 8.666/1993, que nos dias atuais representa a quantia de R$ 150 mil.

Quanto às compras e aos outros serviços que não sejam de engenharia, aplica-se o limite da alínea "a" do inciso II do art. 23 da mesma lei, refletindo a quantia de R$ 80 mil.

Aplicação da tomada de preços

À tomada de preços aplicam-se as limitações postas nas alíneas "b" dos incisos I e II do art. 23 da lei em tela, ou seja, esta modalidade será utilizada para contratação de obras e serviços de engenharia até o valor de R$ 1,5 milhão e para compras e serviços que não sejam de engenharia até o limite de R$ 650 mil.

Além disso, tendo em vista o disposto no §4º do art. 23 da lei, é possível adotar esta modalidade na faixa de valores em que a modalidade cabível seria o convite. Para Fernandes (2005:106-107), a aplicação subsidiária da tomada de preços na faixa do convite poderia se justificar por restrições no mercado, desinteresse em licitar por parte das empresas ou mesmo por estimativa de preços muito próxima do limite entre esta modalidade e a faixa atinente ao convite.

Aplicação da concorrência

De acordo com as alíneas "c" dos incisos I e II do art. 23 da Lei nº 8.666/1993, aplica-se a concorrência para a contratação de obras e serviços de engenharia acima do limite de R$ 1,5 milhão, bem como às compras e aos outros serviços além do limite de R$ 650 mil.

Assim como na tomada de preços, aplica-se à concorrência o §4º do art. 23, que confere caráter subsidiário a esta modalidade que, desta forma, poderá ser aplicada em qualquer faixa de valores, justamente porque não exige qualquer pré-requisito de participação. No entanto, deve-se atentar para a economicidade na adoção de uma modalidade mais complexa para contratar objetos de baixo valor e complexidade.

No que concerne à compra e à alienação de bens imóveis, a lei estabelece a concorrência como a modalidade-padrão, ressalvadas as hipóteses de licitação dispensada, do art. 17 da lei, e aquelas em que a lei faculta a opção pelo leilão.

Quanto à alienação de bens móveis, pode ser utilizada para qualquer faixa de valores, mas a lei faculta a aplicação do leilão para bens cujo valor seja inferior ao limite do art. 23, II, alínea "b", da Lei nº 8.666/1993, na forma do art. 17, §6º, da mesma lei. Vale ressalvar que este limite não se aplica aos bens móveis inservíveis para a administração, aos legalmente apreendidos e aos penhorados.[24]

Esta modalidade também é obrigatória para a realização de licitações internacionais (art. 42), mas é possível adotar a tomada de preços nos casos em que a administração dispuser de cadastro internacional de fornecedores, ou o convite quando não houver fornecedor do produto ou serviço no país (art. 23, §3º).

Outra hipótese que exige licitação por concorrência é a de concessão de direito real de uso de bem público, que não se confunde com a concessão administrativa de uso, e para tal distinção vale a seguinte decisão do TCU:[25]

> Concessão de direito real de uso é o contrato pelo qual a Administração transfere o uso gratuito ou remunerado de terreno público a particular, para que dele se utilize em fins de interesse social, sendo transferível por ato *inter* vivos ou *causa mortis*. Já a concessão administrativa de uso, aplicável às cantinas em espaços de repartições Públicas, confere ao titular do contrato um direito pessoal de uso do bem público, privativo e intransferível.

Parcelamento e fracionamento

A disciplina legal sobre o tema é a dos parágrafos do art. 23 da Lei nº 8.666/1993, transcritos a seguir:

---

[24] Ver item "Leilão", p. 63-64 desta obra.
[25] Decisão nº 017/2001. Plenário. Relator: ministro Adylson Motta. Cf. Pereira Junior (2003:253).

§1º As obras, serviços e compras efetuadas pela Administração serão divididas em tantas parcelas quantas se comprovarem técnica e economicamente viáveis, procedendo-se à licitação com vistas ao melhor aproveitamento dos recursos disponíveis no mercado e à ampliação da competitividade, sem perda da economia de escala.

§2º Na execução de obras e serviços e nas compras de bens, parceladas nos termos do parágrafo anterior, a cada etapa ou conjunto de etapas da obra, serviço ou compra, há de corresponder licitação distinta, preservada a modalidade pertinente para a execução do objeto em licitação.

[...]

§5º É vedada a utilização da modalidade "convite" ou "tomada de preços", conforme o caso, para parcelas de uma mesma obra ou serviço, ou ainda para obras e serviços da mesma natureza e no mesmo local que possam ser realizadas conjunta e concomitantemente, sempre que o somatório de seus valores caracterizar o caso de "tomada de preços" ou "concorrência", respectivamente, nos termos deste artigo, exceto para as parcelas de natureza específica que possam ser executadas por pessoas ou empresas de especialidade diversa daquela do executor da obra ou serviço.

[...]

§7º Na compra de bens de natureza divisível e desde que não haja prejuízo para o conjunto ou complexo, é permitida a cotação de quantidade inferior à demandada na licitação, com vistas a ampliação da competitividade, podendo o edital fixar quantitativo mínimo para preservar a economia de escala.

[...]

Primeiramente cabe diferenciar as figuras do fracionamento da licitação e do parcelamento do objeto. Na primeira hipótese, o responsável fraciona o objeto da licitação em diversas partes de forma a adotar modalidade licitatória para valores inferiores ou mesmo dispensar o procedimento. Em ambos os casos estaria violado o princípio da competitividade, visto que o objetivo deste tipo de conduta é o de restringir o universo de concorrentes de forma a beneficiar determinada pessoa ou empresa. Justamente para coibir este tipo de conduta foi estabelecida a regra da parte inicial do §5º do art. 23, que veda a utilização de modalidades inferiores quando o total da contratação exige uma modalidade superior. Não é necessário afirmar que esta conduta é inadequada e ilegal, inclusive constituindo crime (arts. 89 e 90 da Lei nº 8.666/1993).

O fracionamento da contratação, previsto pelos §§1º, 2º e 5º do art. 23 da lei em tela, consiste na realização de vários procedimentos licitatórios distintos, levando-se em conta as questões técnicas e econômicas envolvidas, de forma a obter as melhores ofertas para a administração. Discutiu-se o caráter destes dispositivos, notadamente sobre consistirem ou não regra ou faculdade para o administrador. A doutrina já tem certo consenso no sentido de que, uma vez comprovada a possibilidade técnica de licitar separadamente cada item do objeto pretendido, bem como estando presente a vantagem para a administração de fazê-lo em separado, o fracionamento torna-se uma obrigação.

Nesta hipótese não há dúvidas de que os requisitos de habilitação e as garantias a serem oferecidas deverão ser proporcionais às propostas realizadas, sob pena de frustrar o objetivo da norma, que é permitir a participação de empresas menores. Realizada a licitação desta maneira, poderia uma determinada empresa oferecer propostas para diversos itens e acabar sendo verificado que o total de suas propostas aceitas ultrapassa a sua capacidade econômico-financeira. Nestes casos a doutrina afirma que o mais correto seria dar a oportunidade ao ofertante de optar por esta ou aquela proposta, declarando-o inabilitado nas restantes, tudo com o objetivo de aproveitar a capacidade de contratar pelo preço mais baixo daquela empresa.

Desta forma, presentes os requisitos, deverá o administrador parcelar o objeto de forma a possibilitar a participação de um número maior de empresas em cada item a ser licitado, observando sempre a modalidade apropriada para o somatório de todas, a fim de satisfazer o exigido no §5º.

O §7º do art. 23 da Lei nº 8.666/1993 veio permitir, ao licitante que participe de certame para compra de bens de natureza divisível, ofertar os bens em quantidade inferior à totalidade pretendida pela administração. Trata-se de medida que buscava aumentar a competitividade nas licitações deste tipo de objeto, já que se pretendia formar um "mosaico de propostas" com a finalidade de obter um preço global vantajoso para a administração através de diversas propostas pequenas.

No entanto, a aplicação prática deste dispositivo vem causando uma série de problemas com a padronização e com o estabelecimento de critérios objetivos de julgamento. Desta forma, os instrumentos convocatórios acabam vetando a cotação em quantidade inferior à licitada como medida de prevenção de problemas posteriores. Silente o instrumento convocatório, estaria garantido ao licitante o direito a cotar em quantidade inferior (Motta, 1999:145).

Aplicação do concurso

Conforme a própria dicção legal, o concurso se aplica à seleção de trabalhos técnicos, científicos ou artísticos, predominantemente de criação intelectual, ressalvadas as hipóteses de inexigibilidade de licitação. Meirelles (1999b:90) coloca que esta modalidade é utilizada para a seleção de projetos em que se busca a melhor técnica, e não o melhor preço.

Aplicação do leilão

Esta modalidade se destina a alienar um bem que faça parte do patrimônio da administração pública.

Quanto aos bens imóveis, aplicar-se-á esta modalidade nos casos em que o bem tenha passado a integrar o patrimônio do ente público por meio de procedimento judicial ou por dação em pagamento, qualquer que seja o seu valor. Caso os bens tenham passado à propriedade da administração de outra forma, aplica-se a modalidade concorrência, por força do art. 17, inciso I, e art. 23, §3º, da Lei nº 8.666/1993, conforme dito anteriormente.

No que concerne aos bens móveis, além dos bens inservíveis para a administração, legalmente apreendidos e penhorados,[26] que poderão ser alienados por esta modalidade independentemente do seu preço, todos os bens que não ultrapassem o limite do art. 23, inciso II, alínea "b", da mesma lei poderão ser também assim alienados, consoante disposto no art. 17, §6º, da Lei nº 8.666/1993. Se a avaliação for superior ao valor máximo estabelecido para a tomada de preços, aplica-se necessariamente a concorrência.

Projetos de alteração da Lei Federal nº 8.666/1993 e suas implicações nas modalidades licitatórias

O estatuto das licitações, desde o seu início, foi objeto de diversas propostas de modificação, já tendo, inclusive, sofrido reformas profundas por meio das leis nºs 8.893/1994 e 9.648/1998.

No entanto, toma vulto no cenário nacional a discussão de dois projetos de lei que visam promulgar novas alterações.

---

[26] Ver crítica à utilização do termo "penhorados" no item que trata da modalidade "leilão".

O Projeto de Lei nº 7.709/2007,[27] de autoria do Poder Executivo, procura inserir no texto legal dispositivos que compatibilizem a realização das contratações do poder público com as facilidades tecnológicas disponíveis, bem como aproveita as experiências positivas obtidas pela utilização da modalidade pregão a fim de aplicá-las às demais modalidades.

Algumas das inovações, atinentes ao tema desta sessão, que o Poder Executivo federal visa introduzir na lei de licitações são:

- previsão, realização e processamento de quaisquer das modalidades de licitação por meio eletrônico (introdução do §2º no art. 20);
- introdução do pregão como modalidade de licitação (introdução do inciso VI no art. 22);
- alteração da redação do §7º do art. 22 que causava controvérsia sobre a questão do convite com menos de três propostas válidas;
- previsão de cabimento da modalidade concorrência para os casos de permissão de uso de bens imóveis (alteração do §3º do art. 23);
- previsão de realização de pregão internacional para a contratação de bens e serviços comuns (alteração do §3º do art. 23); e
- inversão das fases da licitação (substituição do §1º do art. 43).

Além deste projeto de autoria do Poder Executivo, merece atenção o substitutivo[28] adotado pela comissão responsável pela elaboração de parecer sobre o primeiro, que, por sua vez, introduz tantas outras propostas de alteração à lei de licitações.

---

[27] Disponível em: <www.camara.gov.br/sileg/integras/433303.pdf>. Acesso em: 14 jul. 2009.
[28] Disponível em: <www.camara.gov.br/sileg/integras/455160.pdf>. Acesso em: 14 jul. 2009.

Questões de automonitoramento

1. Após ler este capítulo, você é capaz de resumir o caso gerador do capítulo 6, identificando as partes envolvidas, os problemas atinentes e as soluções cabíveis?
2. É possível dar seguimento a uma licitação pela modalidade convite quando foi apresentada apenas uma proposta válida?
3. Qual é o órgão responsável pela apreciação da documentação entregue pelo interessado não cadastrado que deseja participar da tomada de preços?
4. É possível ao administrador dividir determinado objeto em diversas parcelas idênticas para licitá-las por modalidade inferior ou dispensar a licitação?
5. Pense e descreva, mentalmente, outras alternativas para a solução do caso gerador do capítulo 6.

3

Pregão presencial e eletrônico

Roteiro de estudo

Contextualização do tema

O Estado brasileiro vem passando por profundas alterações, principalmente nas últimas décadas.

No atual modelo de "Estado subsidiário"[29] buscam-se o aumento da qualidade e da eficiência dos serviços prestados, maior transparência no trato com as questões públicas e a satisfação concreta dos interesses constitucional e legalmente protegidos.

Assim, a sociedade atual, amparada por avanços legislativos, ainda que tímidos, e por mecanismos que possibilitam ação

---

[29] O Estado mantém sob sua responsabilidade direta apenas as questões que lhe são intrínsecas, seja naturalmente ou por opção política, permitindo que a iniciativa privada atue nas áreas que lhe são afetas (não obstante o controle — regulação — por parte do Estado), em conformidade com a intenção exposta na própria Constituição Federal de 1988, em seu art. 173, *caput*: "Ressalvados os casos previstos nesta Constituição, a exploração direta de atividade econômica pelo Estado só será permitida quando necessária aos imperativos de segurança nacional ou a relevante interesse coletivo, conforme definidos em lei".

fiscalizatória mais intensa (exemplo: utilização da tecnologia da informação pela administração pública — governo eletrônico — permitindo aos cidadãos acompanhar, por meio de portais, as licitações eletrônicas em curso), exige que a administração pública atue de forma mais eficaz, séria e responsável, inclusive na realização de suas licitações e contratações, respeitando os princípios constitucionais da legalidade, impessoalidade, moralidade, publicidade e eficiência (art. 37, *caput*, CF/88).

Não se pode mais cogitar do apego exacerbado às miudezas e às formalidades em detrimento do atendimento das finalidades públicas. Nesse sentido, Dromi (1991:38):

> *En todas estas medidas vemos que el Estado promulga la austeridad de las "pequeñas cosas" (congelar cargos, reducir viáticos y personal, promover retiro voluntario, disminuir categoría de pasajes al exterior, limitar uso de vehículos oficiales) y tolera, con silencio y omisión, la dilapidación de fondos públicos en las "grandes cosas" (premios excesivos a industrias promocionadas, incumplimientos de los contratos de promoción industrial, evasión de impuesto con "sub" y "sobre" faturación, según los casos; exportaciones disfrazadas, importaciones disimuladas, en provisiones innecesarias, obras públicas fastuosas, acopios de bienes perecederos para intervenir y regular mercados, etcétera).*
>
> *[...] Es más, todos declaran, formalmente, su compromiso político de no ceder en la batalla contra las erogaciones estatales, casi con más energia que en la lucha contra el flagelo de la inflación.*

Nesse contexto, insere-se a nova modalidade de licitação denominada *pregão*, que possibilita justamente maior agilidade nas contratações públicas, caracterizando-se por maior simplicidade dos atos, desburocratização do sistema e, principalmente, conferindo economia financeira à administração (princípio da economicidade — art. 70 da Constituição Federal de

1988),[30] além de aumentar a eficiência e transparência no trato com a coisa pública. Sobre o tema, veja-se Borges (2001:4):

> Põe-se em pauta, cada vez mais intensamente, o anseio generalizado para a realização de certames licitatórios que tenham efetivamente, como verdadeiro objetivo, a busca das melhores propostas, não mais se perdendo em uma multiplicidade de exigências burocratizantes, formais, descendo a detalhes desnecessários, na fase de habilitação — palco para verdadeiras guerras entre licitantes, armados de providenciais liminares judiciais, que conduzem ao efeito perverso de afugentar propostas realmente vantajosas para o interesse público, em detrimento do princípio constitucional da eficiência.

Como tal modernização, a administração pública se despe das preocupações burocráticas de outrora, de modo a dar a efetividade ao princípio da eficiência administrativa. Trata-se, em síntese, de aplicar a técnica gerencial da "administração por resultados".

Origem e principal inovação

A grande novidade introduzida pelo pregão foi, sem dúvida, a *inversão de fases* do certame licitatório. Visando a um procedimento mais célere, estipulou-se que inicialmente ocorreria a fase de seleção da melhor proposta de preços, para posteriormente se analisarem os documentos de habilitação somente do licitante

---

[30] Art. 70, *caput*, da CF/88: "A fiscalização contábil, financeira, orçamentária, operacional e patrimonial da União e das entidades da administração direta e indireta, quanto à legalidade, legitimidade, *economicidade*, aplicação das subvenções e renúncia de receitas, será exercida pelo Congresso Nacional, mediante controle externo, e pelo sistema de controle interno de cada poder" (grifo nosso).

classificado em primeiro lugar (este tema será mais detalhado no decorrer do trabalho, bem como as outras inovações contidas na Lei do Pregão). Tal inovação procedimental foi inspirada nas licitações internacionais regidas pelo direito internacional ou por entidades internacionais de fomento, como o Banco Internacional de Reconstrução e Desenvolvimento (Bird), que, em suas *guidelines*, prevê a inversão e simplificação das fases procedimentais (Borges, 2000), tendo sua aplicação expressamente prevista no §5º do art. 42 da Lei nº 8.666/1993.[31] Sobre as licitações financiadas pelo Bird, confira-se o ensinamento de Souto (2005b:57-59):

> O "edital" é a única fonte de direitos do licitante, ao qual não é dado discutir com base nas Diretrizes (*Guidelines*) nem no Acordo de Empréstimo [...];
> [...]
> Para as obras e contratações de bens não se prevê uma fase de habilitação: o sistema é de "pós-qualificação", isto é, só se examina a documentação de capacidade técnica e financeira do licitante vencedor; exige-se, no entanto, uma garantia de proposta, que, embora prevista na Lei Brasileira, é tida por inconstitucional pela maioria dos doutrinadores, que entendem que (à exceção

---

[31] §5º do art. 42 da Lei nº 8.666/1993:
"Para realização de obras, prestação de serviços ou aquisição de bens com recursos provenientes de financiamento ou doação oriundos de agência oficial de cooperação estrangeira ou organismo financeiro multilateral de que o Brasil seja parte, poderão ser admitidas, na respectiva licitação, as condições decorrentes de acordos, protocolos, convenções ou tratados internacionais aprovados pelo Congresso Nacional, bem como as normas e procedimentos daquelas entidades, inclusive quanto ao critério de seleção da proposta mais vantajosa para a Administração, o qual poderá contemplar, além do preço, outros fatores de avaliação, desde que por elas exigidos para a obtenção do financiamento ou da doação, e que também não conflitem com o princípio do julgamento objetivo e sejam objeto de despacho motivado do órgão executor do contrato, despacho esse ratificado pela autoridade imediatamente superior".

das concessões de serviços públicos e privatizações) cria ônus à participação em licitações;

Se, por outro motivo, o vencedor não honra a sua proposta, tem a respectiva garantia executada; neste caso, o segundo colocado é chamado a contratar nas condições propostas e não, como na Lei Brasileira, nas condições do primeiro lugar (que o BIRD entende incompatível com o mercado e com a própria Constituição Federal, que exige que sejam "mantidas as condições da proposta").

A simples adoção da inversão de fases pelo pregão possibilitou um ganho considerável na eficiência e lisura do procedimento. Como se sabe, a fase de habilitação representa o maior entrave ao prosseguimento regular de licitações, e nela, não raro, ocorrem conflitos entre os licitantes e/ou entre estes e a administração pública. Assim, o poder público, muitas das vezes, seja por despreparo dos servidores, por um formalismo excessivo ou por força de liminares, não consegue fazer evoluir o certame e, consequentemente, não atinge o interesse público a que se destina.

A doutrina é praticamente uníssona no sentido de que o procedimento adotado no pregão deveria ser estendido às demais modalidades de licitação.[32] Por todos, cite-se a opinião de Pereira Junior (2003:1001):

> Pena que a inversão seja privativa do pregão. O que se pretendia provocar era o estudo sobre a possibilidade de introduzi-la no rito procedimental de todas as modalidades de

---

[32] Registre-se aqui que uma das inovações previstas no Projeto de Lei nº 7.709/2007 (em trâmite no Congresso Nacional), que visa alterar a Lei nº 8.666/1993, é a possibilidade de inversão de fases para as demais modalidades licitatórias.

licitação, do tipo "menor preço", o que demandaria reforma da estrutura traçada na Lei nº 8.666/1993. O tema decerto comporta evolução.

No entanto, vale registrar que, em 31 de julho de 2008, a Central Brasileira do Setor de Serviços (Cebrasse) ajuizou Ação Direta de Inconstitucionalidade (ADI nº 4.116)[33] impugnando a Lei nº 13.121/2008-SP, que inverteu a ordem das fases de habilitação e proposta de preços nas licitações públicas estaduais para aquisição de bens, serviços e obras. A nova lei estadual determina que primeiro seja aberto o envelope da proposta e, depois, o da habilitação — ordem inversa à adotada em licitações em todo o país.

Contudo, para que o pregão possa realmente atingir os fins aqui mencionados, torna-se fundamental o aprimoramento administrativo, como, por exemplo, uma melhor capacitação dos servidores designados para a função de pregoeiro e, nos pregões eletrônicos, investimentos em segurança nos procedimentos realizados pela rede mundial de computadores (internet).

Histórico legislativo

A modalidade de licitação *pregão* foi adotada no âmbito da Agência Nacional de Telecomunicações (Anatel),[34] conforme disposto nos arts. 54 a 56 da Lei nº 9.472/1997.[35] Posteriormente

---

[33] De acordo com notícia publicada no sítio do STF, a ADI nº 4.116 tem pedido de liminar para que a lei seja suspensa e, posteriormente, na análise do mérito, declarada inconstitucional e retirada do ordenamento jurídico.
[34] A Resolução nº 5, de 15 de janeiro de 1998, refere-se ao regulamento de contratações realizadas pelas Anatel.
[35] Lei nº 9.472/1997:
"[...]
Art. 54. A contratação de obras e serviços de engenharia civil está sujeita ao procedimento das licitações previsto em lei geral para Administração Pública.

a Lei nº 9.986/2000, art. 37, *caput* e parágrafo único, estendeu o pregão a todas as agências reguladoras federais.[36]

Com a edição da Medida Provisória nº 2.026, de 4 de maio de 2000 (*reeditada 18 vezes*), a possibilidade de utilização da modalidade pregão nas licitações foi expandida para toda a União, não se fazendo qualquer referência a estados, municípios ou ao Distrito Federal.

Registre-se, por oportuno, que o pregão foi regulamentado inicialmente pelo Decreto nº 3.555, de 8 de agosto de 2000, sendo este alterado pelos decretos nº 3.693, de 20 de dezembro de 2000, e nº 3.784, de 6 de abril de 2001.[37] Saliente-se, ainda, a edição do Decreto nº 3.697, de 21 de dezembro de 2000 (não mais em vigor), regulamentando o denominado *pregão eletrô-*

Parágrafo único. Para os casos previstos no *caput*, a agência poderá utilizar procedimentos próprios de contratação, nas modalidades de consulta e pregão.
[...]
Art. 56. A disputa pelo fornecimento de bens e serviços comuns poderá ser feita em licitação na modalidade de pregão, restrita aos previamente cadastrados, que serão chamados a formular lances em sessão pública.
[...]"

[36] Confira a norma:
"Art. 37. A aquisição de bens e a contratação de serviços pelas agências reguladoras poderá se dar nas modalidades de consulta e pregão, observado o disposto nos arts. 55 a 58 da Lei nº 9.472, de 1997, e nos termos de regulamento próprio.
Parágrafo único. O disposto no *caput* não se aplica às contratações referentes a obras e serviços de engenharia, cujos procedimentos deverão observar as normas gerais de licitação e contratação para a Administração Pública."

[37] Szklarowsky (2002), citando Hely Lopes Meirelles e Diógenes Gasparini, entende que os decretos regulamentares de medidas provisórias continuam vigentes, mesmo que a medida provisória seja revogada por outra ou por lei. Confira-se: "Não temos dúvida em afirmar que o decreto permanece íntegro, para regulamentar os atos na esfera federal, desde que a nova medida provisória ou a lei contenha a mesma matéria regulamentada, com mínima variação, isto é, não disponha de modo diferente e as relações decorrentes do diploma anterior tenham sido convoladas, isto é, naquilo que não colidir com a lei. Hely Lopes Meirelles afirma, categoricamente, que o decreto vigora, em sua plenitude, se a matéria regulamentada estiver contida na nova lei. Diógenes Gasparini leciona que os decretos-regulamento fundamentam sua legitimidade na lei que eles regulamentam e, desaparecendo esta, deixa o decreto regulamentador de existir. Contudo, com relação à medida provisória, desde que seja objeto de reedição e convoladas as relações dela decorrentes, entende esse autor que o decreto regulamentador continua em vigor".

nico[38] (realizado pela internet), que expressamente estabelecia a aplicação subsidiária do referido Decreto nº 3.555/2000.

À época muito se discutiu sobre a constitucionalidade da referida medida provisória (e de suas versões reeditadas) instituidora do pregão na União.

A primeira questão que se levantava consistia na própria desvirtuação do instituto da medida provisória, prevista no art. 62 da CF/88,[39] para os casos de relevância e urgência.

Sustentava-se, ainda, que a medida provisória feria frontalmente o §8º do art. 22 da Lei nº 8.666/1993 (que veda a criação de outras modalidades de licitação ou a combinação das já existentes) que, por ser norma geral (lei nacional), deveria ser aplicada por todos os entes da Federação, inclusive a União, não podendo esta, por medida provisória, de incidência somente no âmbito federal, derrogar a norma nacional geral (hierarquia das leis).

Cite-se a valiosa opinião de Justen Filho (2001:16) sobre a aplicação da modalidade pregão restritivamente ao âmbito da União:

> A opção de circunscrever a aplicação do pregão a contratações promovidas no âmbito federal é extremamente questionável. É inviável a União valer-se da competência privativa para editar normas gerais acerca de licitação cuja aplicação seja restrita à própria órbita federal. [...] Por isso, deve reputar-se inconsti-

---

[38] Atualmente o Decreto nº 5.450, de 31 de maio de 2005, regulamenta a utilização do pregão eletrônico no âmbito da União, e o Decreto nº 5.504, de 5 de agosto de 2005, "estabelece a exigência de utilização do pregão, preferencialmente na forma eletrônica, para entes públicos ou privados, nas contratações de bens e serviços comuns, realizadas em decorrência de transferências voluntárias de recursos públicos da União, decorrentes de convênios ou instrumentos congêneres, ou consórcios públicos".

[39] Art. 62 da CF/88:
"Em caso de relevância e urgência, o Presidente da República poderá adotar medidas provisórias, com força de lei, devendo submetê-las de imediato ao Congresso Nacional."

tucional a ressalva contida no art.1º, admitindo-se a adoção da sistemática do pregão também por outros entes federativos.

Dessa feita, alguns doutrinadores passaram a sustentar que a modalidade pregão também poderia ser utilizada nas licitações realizadas pelos estados, municípios e Distrito Federal, bastando que estes entes editassem leis próprias sobre o tema. Confira-se a posição sustentada à época por Pereira Junior (2000:363):

> Os Estados, o Distrito Federal e os Municípios não podem conceber e praticar modalidades de licitação não previstas na legislação, porque disto estão proibidos por norma legal federal geral, com evidenciado amparo constitucional. Mas, uma vez criada a modalidade por norma federal, os demais entes da Federação não resultam impedidos de acolhê-la. A norma federal criadora do pregão delimita o âmbito da União como o campo de aplicação obrigatória da nova modalidade; contudo, não a veda para os demais entes da Federação.

Com base no entendimento exposto acima, alguns estados e municípios editaram suas próprias leis e regulamentos sobre o pregão, como, por exemplo, o estado de Minas Gerais, que editou a Lei Estadual nº 14.167, de 10 de janeiro de 2002, e os decretos nº 42.408 e nº 42.416, de 8 de março de 2002 e 13 de março de 2002, respectivamente.

Posteriormente, a União, valendo-se de sua competência garantida na Constituição Federal,[40] editou a Lei nº 10.520, de 17

---

[40] Confira-se a crítica de Mukai (s.d.): "A MP praticamente foi mantida, apenas com um problema: o que era norma específica virou norma geral só pelo efeito da Lei, o que nos parece um simplismo e uma inconstitucionalidade flagrante, já que o inciso XXI do art. 37, no qual se fundou a Lei, não autoriza a União a expedir normas gerais sobre licitações e contratos; quem a autoriza é o inciso XXVII do art. 22 da Constituição".

de julho de 2002, instituindo a modalidade de licitação pregão no âmbito da União, estados, Distrito Federal e municípios.[41]

Assim, sanaram-se os vícios sustentados até então por grande parte da doutrina, prevalecendo o entendimento de que a nova lei (posterior e de igual hierarquia) revogou em parte o citado §8º do art. 22 da Lei nº 8.666/1993, acrescentando nova modalidade de licitação denominada pregão, de aplicação imediata a todos os entes da Federação.

Saliente-se que não é vedado aos estados, municípios e Distrito Federal a edição de normas regulamentares sobre pregão,[42] desde que respeitem o conteúdo das normas gerais delineadas na Lei nº 10.520/2002. Entretanto, caso desejem utilizar-se do *pregão eletrônico*, deverão os entes federativos obrigatoriamente

---

[41] Não obstante o *caput* do art. 2º da Lei nº 10.520/2002 ter sido vetado pelo sr. presidente da República, entende-se que a referida lei se aplica a todos os entes federativos, em especial pela redação de sua ementa: "Institui, no âmbito da União, Estados, Distrito Federal e Municípios, nos termos do art. 37, inciso XXI, da Constituição Federal, modalidade de licitação denominada pregão, para a aquisição de bens e serviços comuns, e dá outras providências" e de seu art. 2º, §2º: "Será facultado, nos termos de regulamentos próprios da União, Estados, Distrito Federal e Municípios, a participação de bolsas de mercadorias no apoio técnico e operacional aos órgãos e entidades promotoras da modalidade de pregão, utilizando-se de recursos de tecnologia da informação". Neste sentido, cite-se a lição de Szklarowsky (2002): "É verdade que, com a supressão do *caput* do art. 2º, surge a dúvida quanto à incidência da Lei em todos os níveis de Governo, visto que o restritivo *caput* do art. 2º da Medida Provisória fora substituído pela elástica redação dada pelo Projeto de Lei de Conversão (PLC) citado, prevendo sua aplicação a todos os integrantes da Federação (arts. 1º e 18 da Constituição), mas, com o veto, a redação final ficou capenga, gerando incertezas. Todavia, além do indicativo certeiro da ementa, com a expressa declaração de sua extensão a todos os partícipes federativos e da referência expressa aos participantes da Federação (§2º do art. 2º da Lei nº 10.520/2002), há que se entender que a omissão da aplicação aos três níveis de Governo e ao Distrito Federal em nada afeta seu entendimento amplo, pois a lei deve ser interpretada segundo sua finalidade e dentro do contexto e não restritivamente. [...] O §2º do artigo vetado (veto do *caput* do art. 2º) refere-se às unidades da Federação, ao sinalizar que estas terão regulamentos próprios. Este parágrafo é mais um ingrediente para a solução proposta acima. O Chefe do Executivo vetou o *caput*, porém não percebeu que poderia causar essa intranquilidade. Conquanto vetado o referido *caput*, a lei, da forma que está redigida, autoriza que os três níveis de Governo e o Distrito Federal dele se utilizem, pois não há qualquer óbice quanto a sua abrangência. Muito pelo contrário".

[42] No âmbito do estado do Rio de Janeiro foi editado o Decreto Estadual nº 31.863, de 16 de setembro de 2002, além da Resolução Sare (Secretaria de Estado de Administração e Reestruturação) nº 2.981, de 17 de setembro de 2002 (arrola bens e serviços comuns).

editar seus respectivos regulamentos, conforme determina o §1º do art. 2º da lei em tela.[43]

Conceituação, cabimento e discricionariedade administrativa

Costuma-se conceituar o pregão como uma modalidade licitatória cuja disputa pelo fornecimento de bens ou serviços comuns é feita em sessão pública, por meio de propostas de preços escritas e lances verbais.[44]

Existem dois tipos de pregão: *presencial* e *eletrônico*. No primeiro os licitantes (ou seus representantes) devem comparecer no local, data e hora determinados no edital e apresentar suas propostas e lances verbais. Já no pregão eletrônico não há presença física dos licitantes, transcorrendo o certame por vias eletrônicas (internet), tema que ainda será detalhado no presente estudo.

Característica marcante do pregão, além da precedência da fase de julgamento à de habilitação, é a possibilidade de oferecimento de lances verbais pelos licitantes, após a classificação das propostas de preços escritas (na forma estabelecida pela Lei nº 10.520/2002), materializando, assim, os princípios da oralidade, da eficiência e da economicidade.

Além disso, frise-se que no pregão adota-se obrigatoriamente o tipo *menor preço*,[45] conforme dispõe o art. 4º, X, da Lei nº 10.520/2002.[46]

---

[43] Lei nº 10.520/2002:
"[...]
Art. 2º. [...]
§1º Poderá ser realizado o pregão por meio da utilização de recursos de tecnologia da informação, nos termos de regulamentação específica."
[44] Extraído da redação do art. 2º do Decreto nº 3.555, de 8 de agosto de 2000.
[45] A definição de menor preço extrai-se do art. 45, I, da Lei nº 8.666/1993:
"Art. 45. [...]
I – de menor preço, quando o critério de seleção da proposta mais vantajosa para a Administração determinar que será vencedor o licitante que apresentar a proposta de acordo com as especificações do edital ou convite e ofertar o menor preço."
[46] Lei nº 10.520/2002:
"Art. 4º. A fase externa do pregão será iniciada com a convocação dos interessados e observará as seguintes regras:

Registre-se, por oportuno, que a própria Lei nº 10.520/2002, em seu art. 9º, estabelece que "aplicam-se subsidiariamente, para a modalidade pregão, as normas da Lei nº 8.666, de 21 de junho de 1993". Deve-se esclarecer que tal aplicação só será cabível nos pontos em que a Lei do Pregão tiver sido omissa e em matérias que não se colidam materialmente.[47]

Bens e serviços comuns

O art. 1º da Lei nº 10.520/2002 determina que o pregão será cabível para a aquisição de bens e serviços comuns. O parágrafo único do referido artigo conceitua o que seriam "bens e serviços comuns". Confira-se a norma:

> Art. 1º. Para a aquisição de bens e serviços comuns, poderá ser adotada a licitação na modalidade pregão, que será regida por esta Lei.
> Parágrafo único. Consideram-se bens e serviços comuns, para os fins e efeitos deste artigo, *aqueles cujos padrões de desempenho e qualidade possam ser objetivamente definidos pelo edital, por meio de especificações usuais no mercado* [grifos nossos].

[...]
X – para julgamento e classificação das propostas, será adotado o critério de menor preço, observados os prazos máximos para fornecimento, as especificações técnicas e parâmetros mínimos de desempenho e qualidade definidos no edital."
[47] Confira-se a opinião de Pereira Junior (s.d.) em relação ao art. 8º da Medida Provisória nº 2.026/2000 (instituidora do pregão no âmbito da União), com igual redação ao art. 9º da atual Lei do Pregão (Lei nº 10.520/2002): "A Lei nº 8.666/1993 forma, com suas alterações posteriores, o conjunto normativo a que se devem agregar normas supervenientes sobre licitações e contratações da Administração Pública. Estas trazem inovações que se encaixarão naquela, sob pena de romper-se a harmonia do sistema. O que a MP nº 2.026/2000 teria desejado enfatizar, no seu indigitado art. 8º, é que a nova modalidade de licitação, o pregão, porque desconhecido do sistema até então vigente, recebeu tratamento normativo próprio, que, na eventualidade de omissões, lacunas, dúvidas ou obscuridades suscitadas na aplicação, será suprido pelas normas do sistema. Significa que o pregão estará sujeito a todas as normas da Lei nº 8.666/1993 que se mostrarem necessárias para viabilizar-lhe a aplicação, nos aspectos de que a MP nº 2.026/2000 não se ocupou ou de que tratou insuficientemente".

Todavia, tal definição legal não foi suficiente para sanar as dúvidas sobre no que consistem, de fato, os chamados bens e serviços comuns, acarretando, na prática, insegurança por parte dos aplicadores da norma quanto ao enquadramento dos objetos das licitações em tal conceito. Assim, faz-se necessária uma análise mais detida do tema. A primeira dúvida sustentada pela doutrina refere-se à expressão "cujos padrões de desempenho e qualidade possam ser objetivamente definidos pelo edital".

Sabe-se que o art. 40, I, da Lei nº 8.666/1993 prevê que o objeto a ser contratado deve ser obrigatoriamente descrito em seus respectivos editais, de forma sucinta e clara, visando, principalmente, à adequação ao princípio do julgamento objetivo das propostas.

Nesse sentido também é a Súmula nº 177 do Tribunal de Contas da União:[48]

> Súmula nº 177
> A definição precisa e suficiente do objeto licitado constitui regra indispensável da competição, até mesmo como pressuposto do postulado de igualdade entre os licitantes, do qual é subsidiário o princípio da publicidade, que envolve o conhecimento pelos concorrentes potenciais das condições básicas da licitação, constituindo, na hipótese particular da licitação para compra, a quantidade demandada uma das especificações mínimas e essenciais à definição do objeto do pregão.
> Fundamento legal
> – Constituição, arts. 70, §§ 1º, 3º e 4º, e 72, §5º.
> – Decreto-lei nº 199, de 25-2-1967, arts. 31, I, II e V, 37 e 40, I.
> – Decreto-lei nº 200, de 25-2-1967, arts. 125, 126 e 130, V, VI e VII.

---

[48] Disponível em: <www.tcu.gov.br>. Acesso em: 16 jul. 2009.

Precedentes
– Proc. nº 035.495/81, Sessão de 17-11-1981, Ata nº 86/81, "in" *DOU* de 11-12-1981, p. 23.590.
– Proc. nº 022.788/1982, Sessão de 23/09/82, Ata nº 72/82, Anexo III, "in" *DOU* de 20-10-1982, p. 19.682, 19.694 e 19.695.

Assim, em uma análise puramente literal e superficial, poder-se-ia argumentar que, em tese, não haveria limitação quanto ao objeto do pregão, já que todo bem, compra ou serviço deve ser minimamente descrito no edital. Contudo, ao que parece, esta interpretação mostra-se desarrazoada, conforme sustenta amplamente a doutrina especializada.

Nesse ponto, cite-se a valiosa lição de Justen Filho (s.d.), referindo-se à então vigente medida provisória instituidora do pregão, mas que se aplica plenamente ao caso ora em exame:

> A expressão "bem ou serviço comum" apresenta uma indeterminação apenas relativa. Comporta alguma certeza por parte do aplicador, o qual deve ter em vista a razão de ser e as finalidades da norma. Esse é um caminho muito mais razoável do que o derivado da tentativa de interpretar literalmente a fórmula legal. O fato é que a solução legislativa não foi a mais feliz. Deve interpretar-se com certa cautela a fórmula constante do §1º do art. 1º da MP, quando se refere a objetos "cujos padrões de desempenho e qualidade possam ser objetivamente definidos pelo edital". *Ora, todo e qualquer objeto licitado tem de ser descrito objetivamente, por ocasião da elaboração do ato convocatório da licitação. Mesmo quando se licitar um bem ou serviço "incomum", especial, singular, haverá a necessidade (e a possibilidade) de fixação de critérios objetivos de avaliação. Ou seja, o que identifica um bem ou serviço singular não é a existência de critérios objetivos de avaliação.* Quando muito, poder-se-ia afirmar que um bem ou serviço comum pode ser descrito mais

fácil e completamente através de critérios objetivos do que os que não o sejam. *O que caracteriza um objeto como comum é a padronização de sua configuração, que é viabilizada pela ausência de necessidade especial a ser atendida e pela experiência e tradição do mercado.* Alguns exemplos permitem compreender a distinção. Como regra, todos os veículos automotores necessitam de combustível. Considerando-se os motores que utilizam como combustível os derivados de petróleo, torna-se evidente uma necessidade que poderia ser dita "comum". A aquisição de gasolina para abastecimento de veículos não envolve maiores peculiaridades. Em princípio, não há necessidade de investigar as peculiaridades do objeto fornecido (gasolina), bastando que sejam atendidas as especificações mínimas necessárias. Veja-se que isso deriva de que os veículos da Administração Pública funcionam com combustível comum, tal como disponível no mercado. Já um veículo destinado a competições esportivas pode exigir uma gasolina especial, envolvendo complexas avaliações — todas elas objetivas, mas que escapam ao padrão de usualidade. [...] Em última análise, bem ou serviço "comum", para fins da adoção de pregão, é aquele que pode ser adquirido no mercado sem maior dificuldade, nem demanda maior investigação acerca do fornecedor. Ou seja, a interpretação do conceito de "bem ou serviço comum" deve fazer-se em função das exigências do interesse público e das peculiaridades procedimentais do próprio pregão. A natureza do pregão deve ser considerada para determinar o próprio conceito de "bem ou serviço comum". O pregão é um procedimento de seleção aberto à participação de qualquer interessado, em que não se impõem requisitos mais aprofundados acerca da habilitação do fornecedor nem exigências acerca de um objeto sofisticado. Bem ou serviço comum é aquele que pode ser adquirido, de modo satisfatório, através de um procedimento de seleção destituído de sofisticação ou minúcia. Em última análise, "comum" não é o bem destituído de sofisticação, mas aqueles para cuja aquisição satisfatória não se fazem necessárias investigações ou cláusulas mais profundas. Enfim, são comuns os objetos padronizados, aqueles que têm um perfil qualitativo definido no mercado. Mas não apenas os objetos padronizados podem ser reputados como comuns [grifos nossos].

A Zênite Consultoria (2002:1000-1001) também corrobora o entendimento sustentando pelos renomados administrativistas sobre a conceituação de "bens e serviços comuns":

> Bem ou serviço comum, para fins da adoção de Pregão, é aquele que pode ser adquirido no mercado sem maior dificuldade, nem demanda de maior investigação acerca do fornecedor. A interpretação do conceito deve fazer-se em função das exigências do interesse público e das peculiaridades procedimentais do próprio Pregão. A natureza do Pregão deve ser considerada para determinar o próprio conceito de "bem ou serviço comum".

Destaca-se, ainda, a homogeneidade do objeto como valor essencial para um julgamento objetivo e isonômico — condições indispensáveis para a validade de uma licitação nesta modalidade. Furtado (2007:368) firmou igual entendimento:

> O entendimento do que sejam bens ou serviços comuns está relacionado àqueles bens ou serviços disponíveis no mercado. Àqueles que não requeiram grandes inovações ou *adaptações* para atender à necessidade da Administração Pública.
> [...]
> *Se, ao contrário, para atender a necessidade da Administração Pública houve necessidade de grande detalhamento das especificações do bem ou serviço e se para atender a essas especificações o fornecedor precisar elaborar ou produzir algo que não está disponível*

para pronta comercialização, não nos parece adequado considerar o objeto da contratação bem ou serviço comum [grifos nossos].

É importante registrar que tal pronunciamento, em sede doutrinária, tem eco perante o Tribunal de Contas da União, em que o jurista tem atuação na chefia do Ministério Público Especial naquela corte. Scarpinella (2003:77-82) agrega importantes contribuições para os contornos do que sejam bens e serviços comuns:

> Ao determinar o cabimento da nova modalidade licitatória *o legislador fez uso de um conceito fluido, onde o enfrentamento do caso concreto passa a ser extremante relevante para a aferição da validade da solução adotada pelo administrador público*. A decisão sobre o que cabe no conceito de bens e serviços comuns é própria da Administração e será tomada pelo órgão que determinará a abertura da licitação. *Isto não significa dizer, no entanto, que a fluidez do conceito autorize o exercício de qualquer competência discricionária pela Administração.*
> [...]
> É induvidoso que o conceito de bem e serviço comum usado pela lei é vago, plurissignificativo ou indeterminado. Tal vagueza, por si só, não permite a conclusão de que a lei teria, ao utilizar conceito de tal categoria, outorgado uma competência discricionária à Administração Pública. *Tratando-se de linguagem, ela precisa ser interpretada no tempo e lugar em que se lhe reconhece sentido, no contexto da norma e diante das peculiaridades do caso concreto.*
> [...]
> O que é peculiar no pregão é a necessidade de que o bem ou serviço licitado por meio dessa modalidade tenha uma especificação usual no mercado. *Isto significa dizer que o fornecimento e o método de produção e execução exigidos no edital relativamente ao*

> objeto ofertado devem envolver uma técnica comum, já conhecida pelo específico mercado de ofertantes do objeto licitado.
> [...]
> Mas a Administração Pública só deve utilizar-se do pregão se esta modalidade garantir segurança na avaliação e escolha da melhor proposta e celebração do melhor contrato.
> Aqui está o segundo elemento de fundamental importância na caracterização da hipótese de cabimento da modalidade de pregão acima referido — qual seja, a possibilidade de os bens e serviços envolvidos nos diversos casos concretos serem utilmente adquiridos por pregão. Isto implica adequação da estrutura procedimental da modalidade ao caso concreto. Considerando que o procedimento do pregão é abreviado, que o critério de julgamento é objetivo (sempre pelo menor preço) e que a inversão das fases de habilitação e julgamento impossibilita aferição especial a respeito do fornecedor ou do objeto licitado, somente serão compatíveis com esta modalidade as aquisições de bens e serviços comuns, na forma acima definida, que garantam a celebração de contratos em total consonância com as necessidades da Administração Pública.
> [...]
> Como se disse, a análise do cabimento do pregão não leva em conta se o universo de fornecedores é pequeno ou grande; *mas sim a capacidade do pregoeiro de aferir as condições técnicas mínimas exigidas no edital na sessão pública do pregão* [grifos nossos].

Essas orientações doutrinárias foram acolhidas pelo egrégio Tribunal de Contas da União. Confira-se o voto do ministro Benjamin Zymler:[49]

> *O objetivo da norma foi tornar viável um procedimento licitatório mais simples, para bens e serviços razoavelmente padronizados,*

---

[49] Decisão nº 557/2002. Plenário. Processo 3.709/2002-4. Representação. *Diário Oficial da União*, Brasília, DF, 7 jun. 2002.

no qual fosse possível à Administração negociar o preço com o fornecedor sem comprometimento da viabilidade da proposta. No pregão a aferição da qualidade do licitante só é procedida no final do certame e apenas em relação à proposta vencedora. *O pressuposto é de que os serviços são menos especializados, razão pela qual a fase de habilitação é relativamente simples.* De outra forma, a Administração poderia se ver forçada a, frequentemente, desclassificar a proposta de menor preço, se não confirmada a capacidade técnica do fornecedor [grifos nossos].

No mesmo sentido, foi a decisão proferida no Acórdão nº 2.594/2005, citado por Furtado (2007:393):

> Veja-se, pois, que, consoante os entendimentos doutrinários e jurisprudenciais expostos [...], não se trata de bens e serviços comuns, o que afasta a possibilidade de contratação desses serviços mediante a modalidade pregão (art. 1º da Lei nº 10.520/2002). *Não são serviços padronizáveis por especificações usuais de mercado, mas sim serviços de razoável complexidade, sujeitos a alternativas técnicas de execução* [grifos nossos].

Decretos regulamentares

No âmbito da União, o Anexo II do Decreto nº 3.555/2000, com redação dada pelo Decreto nº 3.784/2001, arrola os bens e serviços comuns que poderão ser objeto de licitação na modalidade pregão.[50]

Conforme já foi exposto, cada ente federativo possui autonomia administrativa para editar os próprios decretos re-

---

[50] Os bens comuns estão divididos em: *bens de consumo* (ex.: água mineral, uniforme e material de limpeza) e *bens permanentes* (ex.: mobiliário e veículos automotivos). Consta, ainda, uma listagem de *serviços comuns*, como, por exemplo, serviços de lavanderia, de tradução e de telefonia fixa.

gulamentares, arrolando os bens e serviços que considerem, de antemão, como comuns.

Questão interessante está em saber se a lista de bens e serviços comuns constantes de tais decretos é taxativa ou meramente exemplificativa. Constata-se que a maior parte da doutrina sustenta ser o rol apenas *exemplificativo*. Cite-se, novamente, a lição de Justen Filho (2003:32):

> Não se afigura cabível interpretar em termos rígidos o elenco contido no Anexo II. A ausência de rigidez se manifesta sob dois aspectos.
> Em primeiro lugar, o elenco não é exaustivo. Qualquer outro objeto qualificado como comum, ainda que não constante do rol do Anexo II, pode ser contratado através de pregão. [...] Se algum objeto qualificado como comum puder ser caracterizado além do elenco do Decreto, seria inconstitucional pretender excluí-lo com fundamento na ausência de alusão por parte do ato infralegal. Ou seja, não é juridicamente cabível que a competência instituída por Lei seja restringida por meio de Decreto.
> Ademais, a inclusão de um bem ou serviço na relação não o transforma, de modo automático, em suscetível de contratação por meio de pregão. [...] Esse entendimento decorre de que os bens e serviços enumerados no regulamento poderão, em certas circunstâncias, não preencher os requisitos necessários para qualificação como comuns. Então, a competência criada por Lei não poderia ser ampliada por via de Decreto.

O egrégio Tribunal de Contas da União[51] já decidiu no sentido de que o rol de bens e serviços comuns constantes de regulamentos não é exaustivo. Confira-se a decisão:

---

[51] Acórdão nº 615/2003. Relator: ministro Humberto Guimarães Souto. Órgão julgador: Primeira Câmara. Julgamento: 1-4-2003. Data de publicação/fonte: *DOU* de 9-4-2003.

Por outro lado, o mencionado Decreto (3.555/2000) não caracteriza o serviço de locação de mão de obra como serviço comum, o que impossibilitaria a utilização da modalidade pregão.

No entanto, a nosso ver, a lista de serviços constante do Anexo II do Decreto nº 3.555/2000 não é exaustiva, haja vista a impossibilidade de relacionar todos os bens e serviços comuns utilizados pela Administração.

Entretanto, conforme bem salientado por Niebuhr (2004 apud Reis, 2004), pode ser que um bem ou serviço comum constante de uma lista de um dado decreto regulamentar não se caracterize como "comum" em determinado caso concreto. Cite-se o exemplo dado pelo doutrinador:

> Por exemplo, o referido Decreto considera serviços de vigilância como comuns, o que é verdadeiro para a maior parte dos casos, especialmente quando se trata de vigilância ostensiva. No entanto, serviços de vigilância podem se tornar extremamente complexos, como o de um museu público que guarda obras de grande valor. Nessas situações, muitas vezes são necessárias várias medidas para a segurança como o uso de sistema interno de vídeo, alarmes sofisticados a serem disparados por censores, pessoal altamente especializado etc., o que já não se subsume à qualificação de comum. Portanto, há de se reconhecer que, em certas ocasiões, mesmo os bens e serviços considerados pelo Decreto Federal nº 3.555/2000 como comuns, na realidade não o são. Tudo depende dos detalhes de cada caso, da demanda administrativa.

Alguns casos específicos

Faz-se necessário, mesmo que de forma breve, traçar alguns comentários sobre a possibilidade de adoção da modalidade pregão em casos como a contratação de serviços de transporte de valores, obras e serviços de engenharia, bens e serviços de informática, locações imobiliárias, alienações em geral e, ainda, nas licitações efetuadas no sistema de registros de preços.

O *caput* do art. 2º da Lei nº 10.520/2002 previa, expressamente, que estava excluída a possibilidade de pregão para a contratação de serviços de transportes de valores e de segurança privada e bancária. Entretanto, com o veto presidencial ao referido artigo (*caput*), entende-se que é viável, em tese, respeitando-se as peculiaridades de cada caso concreto, a utilização de pregão para a contratação dos serviços anteriormente mencionados.

Quanto às obras e serviços de engenharia a polêmica é mais aguda. Em geral as obras e serviços de engenharia carecem de um maior detalhamento técnico (previstos, por exemplo, no art. 7º da Lei nº 8.666/1993), o que não se coaduna, a princípio, com o procedimento célere do pregão, calcado na análise do menor preço ofertado.

A lei que instituiu o pregão no âmbito da Anatel estabelecia vedação expressa à utilização do pregão para obras e serviços de engenharia (art. 54, parágrafo único, da Lei nº 9.472/1997). Todavia, a Lei nº 10.520/2002 não fez a mesma vedação expressa, sendo esta introduzida pelo art. 5º do Decreto Federal nº 3.555/2000.[52]

Dessa forma, parte da doutrina sustenta que não poderia um decreto inovar na ordem jurídica, acrescentando algo que a própria lei não previu. Além disso, alega-se que o próprio Decreto nº 3.555/2000, em seu Anexo II (redação dada pelo Decreto nº 3.784/2001), item 19, prevê a possibilidade de manutenção de bens imóveis, que se incluiria em um conceito amplo de

---

[52] "Art. 5º. A licitação na modalidade pregão não se aplica às contratações de obras e serviços de engenharia [...]."

serviços de engenharia, demonstrando a eventual incongruência dentro do referido diploma legal. Sobre o tema, manifestou-se o Tribunal de Contas da União:[53]

> Voto do Ministro Relator
> [...]
> 5. Como se vê, a Lei nº 10.520, de 2002, não exclui previamente a utilização do Pregão para a contratação de obra e serviço de engenharia. O que exclui essas contratações é o art. 5º do Decreto nº 3.555, de 2000. Todavia, o item 20 [sic] do Anexo II desse mesmo Decreto autoriza a utilização do Pregão para a contratação de serviços de manutenção de imóveis, que pode ser considerado serviço de engenharia.
> 6. Examinada a aplicabilidade dos citados dispositivos legais, recordo que somente à lei compete inovar o ordenamento jurídico, criando e extinguindo direitos e obrigações para as pessoas, como pressuposto do princípio da legalidade. Assim, o Decreto, por si só, não reúne força para criar proibição que não esteja prevista em lei, com o propósito de regrar-lhe a execução e a concretização, tendo em vista o que dispõe o inciso IV do art. 84 da Carta Política de 1988.
> 7. Desse modo, as normas regulamentares que proíbem a contratação de obras e serviços de engenharia pelo Pregão carecem de fundamento de validade, visto que não possuem embasamento na Lei nº 10.520, de 2002. O único condicionamento que a Lei do Pregão estabelece é a configuração do objeto da licitação como bem ou serviço comum.

Assim, não obstante a possibilidade de cada ente federativo editar regulamentos próprios sobre a possibilidade ou não da

---

[53] Acórdão nº 817/2005. Relator: ministro Valmir Campelo. Órgão julgador: Primeira Câmara. Julgamento: 3-5-2005. Data de publicação/fonte: *DOU* de 9-5-2005.

utilização de pregão nas contratações de obras e serviços de engenharia, posto que o Decreto nº 3.555/2000 obriga apenas a União, entende-se que no *caso concreto é que deve ocorrer a averiguação sobre o objeto se enquadrar ou não no conceito de "bem ou serviço comum"*.

Confira-se a lição de Garcia (2007:47-48) sobre a proposta de extensão do pregão (presencial e eletrônico) para obras e serviços de engenharia, constante no Projeto de Lei nº 7.709/2007 (visa alterar a Lei nº 8.666/1993):

> Discute-se, inclusive, a fixação de um limite de R$ 340.000,00 (trezentos e quarenta mil reais) para a adoção do pregão eletrônico, o que não parece resolver o problema. A rigor, não se vislumbra óbice para a adoção da modalidade pregão para obras e serviços de engenharia quando for tecnicamente possível e ficar demonstrado que o interesse público será melhor atendido por essa via. O que não pode é tornar essa modalidade obrigatória para toda obra ou serviço de engenharia. Mas também proibi-la em toda e qualquer circunstância parece ser solução que desfavorece o interesse público, especialmente no que se refere ao pregão eletrônico, que pode ser um valioso instrumento para quebrar cartéis que atuam em determinados segmentos da economia.

Mas é fato que, na prática administrativa, a modalidade pregão não vem sendo utilizada para obras e serviços de engenharia.

Igual controvérsia estende-se às locações imobiliárias e às alienações em geral promovidas pela administração, já que o art. 5º do Decreto nº 3.555/2000 também veda a utilização de pregão para esses casos, apesar de a Lei nº 10.520 nada estabelecer sobre o tema. Dessa feita, reafirma-se o disposto no parágrafo anterior, fazendo-se a ressalva quanto às alienações em geral, que por buscarem alcançar o maior preço de venda (mais vantajoso para a administração) não se coadunam, de fato, com a sistemática e a lógica do pregão (busca do menor preço ofertado).

Também há polêmica doutrinária sobre a utilização do pregão para a aquisição de produtos de informática. Estes, da mesma forma que as obras e serviços de engenharia, demandam, em geral, uma análise técnica mais acurada, que, a princípio, não se harmoniza com o rito do pregão. Talvez por isso a Lei nº 8.666/1993 tenha estabelecido, no seu art. 45, §4º, a obrigatoriedade da adoção do tipo "técnica e preço" nas licitações de bens e serviços de informática.[54]

O Decreto Federal nº 3.555/2000, em seu Anexo II, retrata, mais uma vez, certa contradição em seu conteúdo. Enquanto os pontos 2.3 e 2.4 estabelecem que não podem ser objeto de pregão bens de informática (equipamentos e utensílios), o item 2.5 permite a aquisição de "microcomputador de mesa ou portátil (*notebook*), monitor de vídeo e impressora".

Sobre o tema, confira-se a importante decisão do Tribunal de Contas da União:[55]

> Voto do Ministro Relator
> [...]
> 18. Considerando a especificidade do objeto do Pregão nº 37/2002 — a aquisição de 3.543 microcomputadores e o fornecimento de: 28 licenças de ferramenta/software de geren-

---

[54] Registre-se que grande parte da doutrina contesta o caráter de norma geral ao referido §4º do art. 45 da Lei nº 8.666/1993. Nesse sentido, vide Almeida (s.d.:13) e Questões Práticas (1998:109). A Procuradoria Geral do Estado do Rio de Janeiro, por meio do Enunciado nº 11, publicado no *Doerj* de 18 nov. 2004, também corrobora tal entendimento: "Para a aquisição de bens e serviços de informática já padronizados no mercado, poderá a Administração Pública Estadual adotar a licitação do tipo menor preço, tendo em vista que o art. 45, §4º, da Lei nº 8.666/1993 não se enquadra no conceito de norma geral".

[55] Acórdão nº 691/2003. Relator: ministro Marcos Bemquerer Costa. Órgão julgador: Pleno. Julgamento: 11-6-2003. Data de publicação/fonte: *DOU* de 23-6-2003.

ciamento; [...], além de garantia e suporte técnico pelo período de 36 meses — parece restar demonstrado que a modalidade de licitação escolhida não foi a mais adequada.

19. Ante todo o exposto, entendo que se deva encaminhar determinação ao TSE no sentido de que se abstenha de utilizar a modalidade pregão para a aquisição de produtos e serviços de informática com nível de complexidade similar ou superior àqueles objeto da aquisição em foco.

Compreende-se, aqui, assim como no caso da contratação de obras e serviços de engenharia, que no caso concreto é que se deverá analisar se o bem ou serviço de informática poderá ou não ser incluído no conceito de "bem ou serviço comum". Tal verificação deve ser casuística, conforme expõe Pereira Junior (s.d.):

> Resulta que o pregão não poderá ser utilizado nas licitações cujo objeto seja a contratação de bens e serviços de informática, dado que estas seguem, obrigatoriamente, o tipo técnica e preço (Lei nº 8.666/1993, art. 45, §4º). Ressalve-se o que tem sido alvo de advertência nessas licitações: nem tudo que serve à informática é bem ou serviço de informática. Ao contrário, há uma infinidade de insumos que, não obstante necessários às atividades informatizadas, não podem ser classificados como bens ou serviços de informática para o fim de sua aquisição dar-se mediante licitação do tipo técnica e preço.
> É o caso de formulários contínuos, fitas e cartuchos de tinta para impressoras, estabilizadores/reguladores de corrente elétrica, equipamentos e programas de prateleira, entre tantos outros itens que, constituindo material que se acha no mercado com especificação usual e consagrada, poderão ser comprados em licitações mediante pregão, tal como vinham sendo comprados em licitações do tipo menor preço, caracterizando-se como bens "comuns".

Em relação ao registro de preços, a Lei nº 10.520/2002 estabeleceu, em seu art. 11:

> As compras e contratações de bens e serviços comuns, no âmbito da União, dos Estados, do Distrito Federal e dos Municípios, quando efetuadas pelo sistema de registro de preços previsto no art. 15 da Lei nº 8.666, de 21 de junho de 1993, poderão adotar a modalidade de pregão, conforme regulamento específico.

A referida Lei do Pregão (art. 12) ainda acrescentou um artigo à Lei nº 10.191, de 14 de janeiro de 2001, autorizando os entes federativos a adotarem o pregão (presencial ou eletrônico) "nas licitações de registro de preços destinadas à aquisição de bens e serviços comuns da área de saúde".

Discricionariedade administrativa

A Lei nº 8.666/1993 estabeleceu dois critérios distintos para a escolha da modalidade licitatória: um quanto ao *valor* da contratação e outro quanto à *natureza* do objeto (independentemente do valor).

Assim, de acordo com o valor do objeto, o Estatuto Geral das Licitações determina que se utilize a modalidade concorrência (contratações de grande vulto), tomada de preços (contratações em valores intermediários) ou convite (objetos que envolvam menores valores na contratação). Por outro lado, a referida lei, levando em conta a natureza do objeto, estabelece, por exemplo, que as alienações de bens inservíveis transcorram por licitação na modalidade leilão (art. 22, §5º), enquanto a escolha de trabalhos técnicos, artísticos ou científicos se dê na modalidade concurso (art. 22, §4º), sem, contudo, levar em consideração os limites de valores a serem despendidos nas possíveis contratações.

A escolha da modalidade *pregão* relaciona-se, sem dúvida, com o critério *natureza do objeto* (bens e serviços comuns), não importando o valor da contratação. Entretanto, discute-se, na doutrina, se a caracterização do objeto da contratação como "bem ou serviço comum" *obrigaria* o administrador público a usar a modalidade pregão[56] ou se este poderia optar entre esta modalidade ou uma das outras previstas na Lei nº 8.666/1993.

Para Scarpinela (2003:167), o administrador deve sempre adotar a modalidade pregão, em detrimento das demais modalidades previstas na Lei nº 8.666/1993, caso o objeto a ser licitado possa ser definido no conceito de bem ou serviço comum, devendo, caso queira utilizar modalidade diversa, justificar os motivos.

Justen Filho (2003:42) posiciona-se no seguinte sentido:

> A opção pelo pregão é facultativa, o que evidencia que não há um campo específico, próprio e inconfundível para o pregão. Não se trata de uma modalidade de cuja existência se exclua a possibilidade de adotar-se convite, tomada ou concorrência, mas se destina a substituir a escolha de tais modalidades, nos casos em que assim seja reputado adequado e conveniente pela Administração.

Ressalte-se que a divergência reside na possibilidade de escolha ou não da modalidade pregão por parte do administrador público. Assim, a princípio não lhe cabe a definição do que seja

---

[56] Registre-se que o art. 4º do Decreto Federal nº 5.450, de 31 de maio de 2005, estabeleceu a obrigatoriedade de utilização da modalidade pregão, preferencialmente na forma eletrônica, para a contratação de bens e serviços comuns no âmbito da União. Confira-se a norma:
"Art. 4º. Nas licitações para aquisição de bens e serviços comuns será obrigatória a modalidade pregão, sendo preferencial a utilização da sua forma eletrônica."

bem ou serviço comum, e sim após a efetiva caracterização do objeto como bem ou serviço comum, escolher entre o pregão ou outra modalidade de licitação, sempre se analisando as peculiaridades do caso concreto e o interesse público envolvido.

Pregão presencial

Fase interna[57]

Inicialmente a autoridade competente (definida no estatuto ou regulamento interno do órgão) deverá justificar a necessidade de contratação (art. 3º, I, da Lei nº 10.250/2002), em respeito ao princípio da motivação dos atos administrativos.[58]

No respectivo processo administrativo deverão ser informadas as características mínimas de qualidade, manutenção, rendimento, garantia do objeto etc., a fim de que os licitantes possam ter o conhecimento exato (pelo edital) do que está sendo almejado pela administração, possibilitando, inclusive, o julgamento objetivo das propostas apresentadas.

Assim, tal autoridade deverá definir, na elaboração do edital, o objeto do certame,[59] as exigências de habilitação, os critérios de aceitação das propostas, as sanções por inadimple-

---

[57] A fase interna da modalidade pregão muito se assemelha à fase interna prevista na Lei nº 8.666/1993. Sua disciplina consta do art. 3º da Lei nº 10.520/2002, cuja leitura torna-se obrigatória.

[58] Cabe, ainda, à autoridade competente, por ato próprio ou por delegação a outrem, decidir sobre os recursos interpostos contra atos do pregoeiro, homologar o resultado da licitação e celebrar o contrato.

[59] Como o pregão destina-se à aquisição de bens e serviços comuns, a definição do objeto da licitação deve ser simples e concisa, privilegiando-se sempre o princípio da competitividade. Confira-se o teor do art. 3º, II, da Lei nº 10.520/2002:
"Art. 3º. [...]
II – a definição do objeto deverá ser precisa, suficiente e clara, vedadas especificações que, por excessivas, irrelevantes ou desnecessárias, limitem a competição;
[...]"

mento e as cláusulas do contrato, inclusive com fixação dos prazos para fornecimento (art. 3º, I, da Lei nº 10.520/2002). O edital deverá prever, ainda, questões como credenciamento na sessão do pregão, procedimentos e critérios para julgamento das propostas, prazos para interposição de recursos etc.

Indispensável é, também, que haja autorização financeira para a respectiva licitação (dotação orçamentária).

Posteriormente, a autoridade competente designará o *pregoeiro* e sua respectiva *equipe de apoio*[60] (art. 3º, IV, da Lei nº 10.520/2002), diferentemente das demais modalidades de licitação, em que o certame é conduzido, em regra, por uma comissão.

A escolha do pregoeiro não deve ser feita de forma aleatória entre os servidores, mas, sim, privilegiando aqueles que tenham aptidão[61] e melhor capacitação técnica para a função,[62] com domínio sobre a legislação pertinente e técnicas de negociação, indispensáveis para a boa condução do certame.

O art. 3º, IV, da Lei nº 10.520/2002 estabelece que o pregoeiro será designado "dentre os servidores do órgão ou entidade promotora da licitação", não esclarecendo, contudo, se, por exemplo, os ocupantes de cargos em comissão poderiam ser

---

[60] A equipe de apoio (§1º do art. 3º da Lei nº 10.520/2002) deverá ser "integrada em sua maioria por servidores ocupantes de cargo efetivo ou emprego da administração, preferencialmente pertencentes ao quadro permanente do órgão ou entidade promotora do evento". Sua função primordial é dar assistência ao pregoeiro, analisando documentos, redigindo atas etc., assegurando, assim, a celeridade e eficiência do processo. Saliente-se, entretanto, que a ela *não foi conferida qualquer competência de cunho decisório*, que permanece em poder do pregoeiro, não obstante a possibilidade de responsabilizar seus membros civil, penal e administrativamente por atos ilícitos (ações ou omissões) que porventura pratiquem, tal qual os pregoeiros.

[61] Sobre a postura que o pregoeiro deve adotar, vide a interessante opinião de Nunes (2004).

[62] A administração pública deve oferecer cursos de capacitação para seus servidores, a fim de que eles possam se especializar na modalidade pregão e suas peculiaridades. No estado do Rio de Janeiro, a Procuradoria Geral do Estado realiza cursos de formação de pregoeiros, justamente com os objetivos aqui mencionados.

nomeados como pregoeiros.⁶³ Da mesma forma, a lei não estipulou se a investidura como pregoeiro deve ser por mandato com duração limitada⁶⁴ ou se a cada pregão deverá ser nomeado novo pregoeiro (e equipe de apoio). De forma genérica, cabe ao pregoeiro conduzir⁶⁵ a fase externa do certame licitatório. Sobre suas atribuições específicas, cite-se a lição de Nóbrega (2001b, grifo do autor):

---

[63] Segundo Fernandes (2003a:50), os ocupantes de cargos comissionados, mesmo sem vínculo efetivo, também integram os órgãos públicos; logo podem, em tese, ser designados como pregoeiros.

[64] O §3º do art. 7º do Decreto nº 31.863/2002, que regulamenta a modalidade de licitação denominada pregão para aquisição de bens e serviços comuns no âmbito do estado do Rio de Janeiro, assim dispõe:
"§3º O pregoeiro, a equipe de apoio e o representante Suprim/Sare, exercerão o mandato pelo prazo de 01 (um) ano, vedada a recondução para o período imediatamente posterior, salvo decisão justificada do titular do órgão ou dirigente da entidade a que forem subordinados, sendo vedada a recondução de todos os membros."

[65] Justen Filho (s.d.) alerta sobre o *poder de polícia* dos pregoeiros. Confira-se a abordagem do autor:
"10.3) Poder de Polícia do Pregoeiro – A dinamicidade do pregão pode dar oportunidade a eventos os mais imprevisíveis. Todos eles deverão ser solucionados de imediato. O pregoeiro é investido de poder de polícia para condução dos trabalhos, o que significa dispor de competência para regular a conduta dos sujeitos presentes na evolução dos eventos. O exercício desse poder de polícia não envolve peculiaridades distintas daquelas que se verificam usualmente, no curso da licitação. Por isso, o pregoeiro dispõe de poderes para impor silêncio, determinar que os participantes cessem práticas aptas a impedir o bom andamento dos trabalhos e assim por diante. Dispõe da competência para advertir os presentes, inclusive para alertá-los acerca do risco de sanções mais severas. Pode impor, inclusive, a retirada compulsória de sujeitos que perturbem o certame. Seria possível desclassificar um licitante em virtude de conduta inadequada? A resposta é positiva, mas a competência é norteada pelo princípio da proporcionalidade. Não se admite que uma questão irrelevante ou de pequena monta acarrete sanção de gravidade desproporcional. A desclassificação do licitante poderá ocorrer quando ele praticar um ato de grande gravidade. É o caso, por exemplo, da prática de conduta tipificada como crime. Suponha-se que o licitante promova agressão física contra outrem, no recinto em que se promove o certame. O crime consumado ou tentado deve acarretar não apenas a imediata prisão do sujeito, mas também sua desclassificação do certame. Lembre-se que a conduta de perturbar o certame licitatório é tipificada como crime no art. 93 da Lei nº 8.666. Poderá haver, inclusive, a prisão em flagrante. Indo avante, destaque-se que a atribuição do poder de polícia ao pregoeiro produz a caracterização de um dever-poder. Equivale a dizer que o pregoeiro não tem a faculdade de omitir-se acerca da boa condução dos trabalhos. Não se admite a pusilanimidade, situação em que o pregoeiro, intimidado por um presente, acabaria por comprometer o desenvolvimento dos trabalhos".

Incluem-se, dentre as atribuições confiadas ao pregoeiro, o credenciamento dos interessados; o recebimento dos envelopes das propostas de preços e da documentação de habilitação; a abertura dos envelopes das propostas de preços, o seu exame e a classificação dos proponentes; a condução dos procedimentos relativos aos lances e à escolha da proposta ou do lance de menor preço; a adjudicação da proposta de menor preço; a elaboração de ata; a condução dos trabalhos da equipe de apoio; o recebimento, o exame e a decisão sobre recursos; e, ainda, o encaminhamento do processo devidamente instruído, após a adjudicação, à autoridade superior, visando a homologação e a contratação.

Estas atribuições não esgotam, todavia, aquelas que incumbem ao pregoeiro, sendo certo que a ele se pode e se deve atribuir outras que, inclusive, impliquem em *acompanhar e orientar o desenvolvimento da fase interna*, o que lhe poderá oportunizar maior conhecimento do objeto a ser licitado e de aspectos que venham a influenciar diretamente na seleção das propostas e no julgamento final do certame.

Ainda sobre o edital é interessante mencionar que não poderá ser exigida sua compra como condição de participação na licitação, podendo apenas ser cobrado o custo para a reprodução do mesmo (art. 5º, II, III, da Lei nº 10.520/2002). Deverão, também, ser disponibilizadas cópias do edital para que qualquer pessoa possa consultá-lo (art. 4º, IV, do mesmo diploma legal).

Fase externa[66]

Após a elaboração do edital, com a devida aprovação pelo órgão jurídico competente (fase interna), inicia-se a fase externa

---

[66] O procedimento da fase externa do pregão está disciplinado no art. 4º e incisos da Lei nº 10.520/2002.

do pregão com a convocação dos interessados através de publicação de *aviso* (contendo "definição do objeto, indicação do local, dias e horários em que poderá ser lida ou obtida a íntegra do edital")[67] no *Diário Oficial* do respectivo ente federativo, além da possibilidade de se divulgar o pregão pela internet e em jornais de grande circulação[68] (dependendo do vulto da contratação pretendida), privilegiando-se os princípios da publicidade e competitividade.

O prazo para os licitantes apresentarem suas propostas deverá ser, no mínimo, de oito dias entre a data da publicação do aviso (art. 4º, V, da Lei nº 10.520/2002) e a realização da sessão pública de licitação.

Assim, em data, hora e local previamente estabelecidos realizar-se-á a sessão pública, momento em que o licitante deverá se apresentar pessoalmente ou por intermédio de um representante que comprove ao pregoeiro os poderes necessários para a formulação de propostas e demais atos do procedimento[69] (esse momento é chamado de *credenciamento*, devendo constar no edital quais os documentos necessários para a comprovação da representação).

Quando aberta a sessão, os interessados ou representantes apresentarão uma declaração formal ao pregoeiro, assegurando que cumprem os requisitos de habilitação previstos na lei e no edital. Tal medida visa evitar que licitantes "aventureiros", sem

---

[67] Inciso II do art. 4º da Lei nº 10.520/2002.
[68] Vide o disposto no art. 11, inciso I, alíneas "b", item 3, e "c", item 3, do Decreto nº 555/2000.
[69] No pregão, diferentemente das demais modalidades de licitação, os licitantes, pessoas físicas ou jurídicas (por meio de seus dirigentes, sócios etc.) que não comparecerem pessoalmente à sessão pública ou que não munirem seus representantes com os devidos poderes (contrato de mandato), apesar de não sofrerem uma sanção direta (como, por exemplo, a desclassificação), sofrem prejuízos graves, já que ficam impossibilitados de fazer lances verbais ou manifestar interesse em recorrer. Sobre o tema, vide Fernandes (2003b:201-206). Registre-se o posicionamento da Zênite Consultoria (2003:601-603), que sustenta a obrigatoriedade da presença física do licitante na modalidade pregão.

as mínimas condições de competição, venham a participar da fase de julgamento de propostas (anterior à fase de habilitação), estabelecendo punições para aqueles em que se constate, posteriormente, quando de eventual análise dos documentos de habilitação, a falsidade de tal declaração (art. 7º da Lei nº 10.520/2002).

Em seguida, os licitantes deverão entregar os envelopes[70] com a indicação do objeto e do preço oferecido.

Recebido o envelope, o pregoeiro deverá abri-lo e imediatamente averiguar a conformidade da proposta com os requisitos estabelecidos no edital (art. 4º, VII, da Lei nº 10.520/2002). As propostas que forem aprovadas estarão aptas a serem analisadas quanto ao segundo aspecto, ou seja, o preço ofertado.[71]

Após a verificação da proposta de preços dos licitantes, o pregoeiro realizará uma classificação preliminar, convocando para a fase de lances verbais e sucessivos o autor da oferta de valor mais baixo (lembre-se de que, no pregão, adota-se obrigatoriamente o tipo "menor preço") e os autores das ofertas até 10% superiores àquela (art. 4º, VIII, da Lei nº 10.520/2002).

Se não houver pelo menos três ofertas nas condições apresentadas no parágrafo anterior, serão convocados, para a fase de lances verbais, os autores das três[72] melhores propostas (preços

---

[70] Registre-se que, apesar de a Lei do Pregão não estabelecer a necessidade de que nesse momento também se entregue ao pregoeiro o envelope com os documentos de habilitação, será possível que o edital assim estabeleça. De qualquer forma, deverá o licitante comparecer à sessão pública de posse do envelope que contém a descrição e o preço do objeto licitado e do envelope com os documentos de habilitação, uma vez que o pregão é um procedimento célere, que, no mais das vezes, exaure-se no mesmo dia em que começa, salvo quando há interposição de recurso.

[71] Verifica-se, assim, a principal inovação do pregão, consistente na abertura e no julgamento da proposta de preços dos licitantes antes do julgamento de habilitação dos concorrentes, que só ocorrerá em relação ao licitante que tiver sua proposta de preços classificada em primeiro lugar, ou os subsequentes, dependendo dos fatos concretos (ex.: se o primeiro colocado for inabilitado, passa-se à análise da proposta do segundo colocado, e assim sucessivamente, até que se declare o vencedor).

[72] Sobre uma interpretação que possibilite a ampliação desse número de concorrentes, vide Garcia (2004).

mais baixos), independentemente do valor que tenham ofertado (art. 4º, IX, da Lei nº 10.520/2002).

Na fase de lances verbais, os licitantes classificados (na forma anteriormente prevista) iniciarão uma disputa (semelhante à que ocorre no leilão), coordenada e instigada pelo pregoeiro, ofertando verbalmente novos preços para suas propostas,[73] começando pelo autor da proposta inicial de maior preço e, posteriormente, pelos demais autores, em ordem decrescente de valor, até que seja dado o lance mais baixo (menor preço), que não seja coberto por nenhum outro concorrente.[74]

Saliente-se que o edital deverá prever limites mínimos para a oferta de lances verbais pelos licitantes, evitando, assim, lances que reduzam a proposta apenas em centavos de real. Além disso, a disputa nos lances verbais fica adstrita ao aspecto do preço, não envolvendo as especificidades técnicas dos objetos ofertados pelos licitantes.

Após a fase de lances verbais o pregoeiro ordenará as propostas, analisando a que for classificada em primeiro lugar (de menor preço).[75]

Nesse momento, poderá o pregoeiro negociar diretamente com o licitante classificado em primeiro lugar (ou com os demais, na ordem preestabelecida, quando o primeiro colocado for alijado do certame) visando obter melhor preço (art. 4º, XVII, da Lei nº 10.520/2002), sendo que tal negociação deverá ser pública e registrada em ata.

---

[73] A formulação de lances é facultativa, não havendo qualquer sanção para os licitantes que não desejarem fazê-la, sendo que continuarão a concorrer com a proposta ofertada inicialmente. Assim, mesmo que nenhum licitante ofereça lances nessa fase, não será possível convocar outros concorrentes para participar dessa etapa.
[74] Não é possível ocorrer empate nessa fase devido à vedação de se formularem lances idênticos ao já produzido anteriormente por um licitante.
[75] O licitante deverá levar para a sessão pública de licitação todos os documentos que possam comprovar a viabilidade de preço das suas propostas (como planilhas de custo, demonstrativos contábeis e projeções futuras), mesmo que o edital seja silente quanto ao fato.

Com o encerramento da etapa competitiva, se aceita a proposta do licitante classificado em primeiro lugar, o pregoeiro abrirá o envelope de documentação do mesmo, averiguando se estão atendidos os requisitos de habilitação previstos no art. 4º, XIII e XIV, da Lei nº 10.520/2002 e no edital de licitação.

Caso o licitante primeiro colocado não atenda todas as exigências de habilitação[76] (da mesma forma que se a sua proposta for considerada inaceitável ou se o vencedor se recusar a assinar o contrato), o pregoeiro examinará as ofertas e a qualificação do segundo colocado, e assim sucessivamente, até que algum licitante preencha os requisitos estabelecidos em lei e no edital (art. 4º, XVI, da Lei nº 10.520/2002).

Se atendidas todas as exigências, o licitante primeiro colocado será, então, declarado vencedor pelo pregoeiro (art. 4º, XV, da Lei nº 10.520/2002).

Inicia-se, então, uma importante fase do procedimento, relativa à possibilidade de interposição de recurso.[77]

---

[76] Vale ressaltar que a Lei nº 8.666/1993 aplica-se subsidiariamente ao pregão. Veja-se o seguinte excerto da lavra do Superior Tribunal de Justiça:
REsp nº 822337/MS. Registro nº 2006/0039188-9. Relator: ministro Francisco Falcão (1116). Órgão Julgador: T1 – Primeira Turma. Data do julgamento: 16-5-2006. Data da publicação/fonte: *DJ* de 1-6-2006, p. 168.
"Ementa
Direito administrativo. Medida cautelar. Agravo de instrumento. Pregão. Leis nºs 8.666/93 e 10.520/02. Cumulação de exigências. Impossibilidade (art. 31, §2º da Lei de Licitações).
I – À licitação modalidade pregão, aplicam-se, subsidiariamente, disposições da Lei nº 8.666/1993.
II – O art. 31, §2º da Lei de Licitações determina que a Administração eleja um dos três requisitos, na fase de habilitação, em termos de exigência de comprovação da qualificação econômico-financeira da empresa licitante, para depois estabelecer que tal requisito também será suficiente a título de garantia ao contrato a ser posteriormente celebrado.
III – Ao cumular dois requisitos, um na fase de habilitação, outro na fase do contrato, a Administração culminou por afrontar o supracitado dispositivo da Lei nº 8.666/1993, deixando ainda de observar o disposto no art. 5º, I da Lei nº 10.520/02, devendo ser garantida à empresa recorrente a não exigência da garantia na fase do contrato.
IV – Recurso parcialmente provido."
[77] Sobre o tema, vide Gazineo (2005).

No pregão, a fase recursal dá-se apenas no final do procedimento,[78] fazendo com que alguns questionem a possível violação ao princípio da ampla defesa (art. 5º, LV, CF/88).[79] Outros indagam se não seria possível a interposição de recurso antes mesmo do momento definido na Lei nº 10.520/2002, exercendo o licitante o direito constitucional de petição em face da administração pública.

A par de tal discussão, estabelece o inciso XVIII do art. 4º da Lei nº 10.520/2002 que,

> declarado o vencedor, qualquer licitante poderá manifestar *imediata* e *motivadamente* a intenção de recorrer, quando lhe será concedido o prazo de 3 (três) dias para a apresentação das razões de recurso,[80] ficando os demais licitantes, desde logo, intimados para apresentar contrarrazões em *igual número de dias*, que começarão a correr do término do prazo do recorrente, sendo-lhes assegurada *vista imediata dos autos* [grifos nossos].

---

[78] Registre-se que o art. 12 do Decreto Federal nº 3.555/2000 prevê a possibilidade de qualquer pessoa pleitear esclarecimentos e providências ou impugnar o ato convocatório do pregão até dois dias antes da data fixada para recebimento das propostas.

[79] Entende-se que não haveria violação à referida norma constitucional, uma vez que não se impede que o licitante recorra, mas tão somente se concentra o seu direito de recurso (sobre qualquer parte do procedimento) para um momento considerado oportuno pela lei. Nesse sentido, vide Justen Filho (2002a:127-129).

[80] Para Justen Filho (s.d.), as razões recursais devem necessariamente ter correspondência com os questionamentos suscitados na manifestação da intenção de recorrer. Cite-se a lição do renomado autor: "A questão da compatibilidade do conteúdo das razões — A necessidade de interposição motivada do recurso propicia problema prático, atinente ao conteúdo das razões. Suponha-se que o interessado fundamente seu recurso em determinado tópico e verifique, posteriormente, a existência de defeito de outra ordem. Não se poderia admitir a ausência de consonância entre a motivação invocada por ocasião da interposição e da apresentação do recurso. É evidente, porém, que o raciocínio não se aplica quando o recurso levantar, inovadoramente, questão que caracteriza nulidade absoluta. Como a matéria tem de ser apreciada, até mesmo de ofício, pela Administração, é irrelevante o momento em que se produzir sua apresentação. Nem precisaria existir 'recurso' para sua apreciação".

Frise-se a necessidade de manifestação, na própria sessão, da vontade de recorrer e a importância de motivação clara por parte do licitante recorrente, a fim de que a administração pública possa identificar a reivindicação, sendo precisa na fundamentação de sua decisão, e também como garantia ao licitante, que mesmo não apresentando, eventualmente, as razões recursais dentro do prazo legal,[81] terá a possibilidade de julgamento de seu recurso com base nos pontos suscitados na sessão pública.[82]

Como consequência da falta de manifestação imediata e motivada, por parte do licitante, da vontade de recorrer, prevê o inciso XX do art. 4º da Lei nº 10.520/2002 que haverá *decadência* do direito de recurso[83] e adjudicação do objeto pelo pregoeiro ao licitante vencedor.

---

[81] Sobre a tempestividade dos recursos no pregão, confira-se a decisão do egrégio Superior Tribunal de Justiça:
REsp nº 817422/RJ. Relator: ministro Castro Meira. Órgão Julgador: T2 – Segunda Turma. Data do julgamento: 28-3-2006. Data da publicação/fonte: *DJ* de 5-4-2006, p. 183.
"Ementa
Administrativo. Licitação. Pregão. Recurso administrativo. Tempestividade.
1. O recurso administrativo no procedimento licitatório na modalidade "pregão" deve ser interposto na própria sessão. O prazo de três dias é assegurado apenas para oferecimento das razões. Dessarte, se manejado *a posteoriri* [sic], ainda que dentro do prazo de contrarrazões, revela-se intempestivo. Inteligência do art. 4º, XVIII, da Lei nº 10.520/2002.
2. Recurso especial provido."

[82] Cf. Gazineo (2005). Nesse mesmo sentido são as posições de Justen Filho (2002a:130): "Assim o é porque a ausência de qualquer outra manifestação posterior do sujeito não prejudica o interessado. Assegura-lhe o prazo de três dias para apresentação de razões, mas essa previsão retrata uma simples faculdade — mais precisamente, trata-se de um ônus impróprio. Se o sujeito não encaminhar razões no prazo de três dias, a única consequência será a avaliação do recurso tendo em vista exclusivamente as razões enunciadas verbalmente" e de Scarpinela (2003:160). Adotando posicionamento contrário aos anteriormente citados, a Zênite Consultoria (2004c:774-775) entende que, se o licitante não apresentar as razões recursais no prazo legal, a administração não precisa se manifestar sobre os pontos suscitados na intenção de recorrer.

[83] Lembre-se apenas de que, se houver qualquer nulidade no procedimento licitatório, esta deverá ser sanada pela própria administração (de ofício — princípio da autotutela e Súmula nº 473 do STF — ou a requerimento do interessado) ou, até mesmo, pelo Poder Judiciário, uma vez que os atos nulos não devem convalescer.

Se o recurso for acolhido, deverão ser invalidados somente os "atos insuscetíveis de aproveitamento" (art. 4º, XIX, da Lei nº 10.520/2002). Destaque-se que a decisão final do recurso será da autoridade superior, não obstante se possibilite ao pregoeiro a oportunidade de reconsiderar, ou não, a sua decisão (aplicação semelhante à do §4º do art. 109 da Lei nº 8.666/1993).

Assim, após a adjudicação do objeto ao licitante vencedor (pelo pregoeiro, se não houver recurso, ou, em caso contrário, pela autoridade superior), a licitação será homologada pela autoridade competente e o adjudicatário será convocado para assinar o contrato no prazo definido pelo edital (art. 4º, XXII, da Lei nº 10.520/2002).

Caso o licitante vencedor (adjudicatário) convocado não assine o contrato dentro do prazo de validade de sua proposta (60 dias ou o que for fixado no edital — art. 6º da Lei nº 10.520/2002), deverão ser chamados os outros licitantes, na ordem de classificação, conforme dispõe o inciso XVI do art. 4º da Lei nº 10.520/2002.

Frise-se que a referida lei proíbe a exigência de garantia das propostas por parte dos licitantes (art. 5º, inciso I).

Destaque-se, por derradeiro, que, como sanção pela ausência de entrega de documentação ou apresentação de documentos falsos,[84] retardamento na execução do objeto (ex.: recursos

---

[84] Essa sanção não pode se aplicar de forma indiscriminada em qualquer certame. Confira-se, a propósito, recente julgado do Superior Tribunal de Justiça:
RMS nº 23088/PR. Recurso em Mandado de Segurança nº 23.088 - PR (2006/0241429-9). Relator: ministro Francisco Falcão (1116). Órgão julgador: T1 – Primeira Turma. Data do julgamento 19-4-2007. Data da publicação/fonte: *DJ* de 24-5-2007, p. 310.
"Ementa
Mandado de Segurança. Pregão. Suspensão temporária. Penalidade. Não apresentação de documentos para a habilitação. Desclassificação.
I – Conforme expressa disposição editalícia, o não envio da documentação no prazo exigido de 24 horas não gera como penalidade a suspensão temporária do direito de

infundados ou meramente procrastinatórios), não manutenção da proposta dentro do seu prazo de validade, falha ou fraude na execução do contrato, demonstração de comportamento inidôneo ou prática de fraude fiscal, a Lei n° 10.520/2002 estabeleceu o impedimento de licitar com a União, os estados, o Distrito Federal e os municípios, além do descredenciamento dos cadastros de fornecedores (ou similares) de cada ente.

Pregão eletrônico

Breves considerações

O pregão eletrônico não se constitui em uma nova modalidade de licitação, e sim em uma espécie da modalidade pregão, em que a sessão pública ocorre por meio da utilização de recursos de tecnologia da informação (internet). Não há, dessa forma, a presença física dos licitantes, do pregoeiro ou da equipe de apoio, uma vez que todo o procedimento (envio de propostas e lances, recursos etc.) transcorre em portais eletrônicos previamente definidos pela administração. O pregão eletrônico possibilita o aumento da competitividade entre os licitantes, pois transpõe as barreiras geográficas, fazendo com que interessados de qualquer localidade, desde que preencham as exigências da lei e do edital, possam participar do certame.[85] Além disso, o pregão realizado

---

licitar e contratar com a Administração Pública, mas apenas a desclassificação do interessado da referida modalidade de licitação.
II – Não houve recusa por parte da Recorrente em fornecer as informações suficientes, tampouco foram estas inadequadamente fornecidas, pelo que resta injustificável a aplicação da penalidade de suspensão temporária.
III – A declaração falsa relativa ao cumprimento dos requisitos de habilitação, sujeitará o licitante às sanções previstas na legislação pertinente e, *in casu*, na exclusão do certame.
IV – Recurso Ordinário provido."
[85] De acordo com o jornal *Valor Econômico*, em quatro anos, após a implementação do pregão eletrônico, houve um aumento de aproximadamente 40% no número de fornecedores da União Federal.

por meio da internet proporciona mecanismos capazes de aumentar a publicidade e transparência da licitação.

Sendo assim, constata-se que a utilização da forma eletrônica de pregão aumenta a eficiência do procedimento, possibilitando maior celeridade na tramitação do certame,[86] e permite que se alcancem preços mais baixos para as ofertas dos licitantes, gerando uma economia para o poder público contratante em comparação às demais modalidades de licitação, ou, até mesmo, em relação ao pregão presencial.[87]

Atualmente, 78% das compras realizadas pelo governo federal já são efetivadas pela modalidade licitatória pregão eletrônico, o que permitiu uma economia de mais de R$ 1,8 bilhão no ano de 2006.[88]

Aplicabilidade

O pregão eletrônico possui as mesmas regras básicas do pregão presencial (aplicando-se, portanto, a lógica procedimental deste), acrescidas, por óbvio, de regras específicas que viabilizem as peculiaridades do procedimento eletrônico.

Reafirme-se que o art. 4º, §1º, do Decreto Federal nº 5.450/2005 determina a *obrigatoriedade*[89] da utilização de pregão para aqui-

---

[86] Em média, o prazo entre o início do pregão eletrônico e a formalização do respectivo contrato administrativo é de 17 dias, enquanto na modalidade concorrência, por exemplo, o prazo mediano é de 120 dias.
[87] Segundo dados do Ministério do Planejamento, Orçamento e Gestão (www.comprasnet.gov.br), em 2004 o pregão eletrônico gerou uma economia de 29% entre os preços de referência e os preços efetivamente obtidos.
[88] Segundo dados da Agência Brasil (Radiobrás), na notícia intitulada: "Pregão eletrônico permitiu ao governo economizar R$ 1,8 bilhão em 2006, revela Secretário". Disponível em: <www.agenciabrasil.gov.br/noticias/2007/01/22/materia.2007-01-22.5383872875/view>. Acesso em: 25 jul. 2007.
[89] Registre-se que há, na doutrina, divergências quanto à obrigatoriedade ou não de utilização de pregão quando o bem ou serviço for considerado comum. Para Justen Filho (2003:42), a administração deveria escolher entre a utilização de pregão ou outra modalidade de licitação, dependendo do caso concreto e do interesse público a

sição de bens e serviços comuns no âmbito da União, sendo o *pregão eletrônico* a forma preferencial a ser usada.

No estado do Rio de Janeiro foi editado um decreto, em 2007, que instituiu a obrigatoriedade do pregão eletrônico, tal qual na administração federal (Decreto Estadual nº 40.497, de 1º de janeiro de 2007).[90]

Não obstante as divergências existentes sobre a conceituação do que seriam bens e serviços comuns, apresenta-se aqui a definição estabelecida no próprio Decreto Federal nº 5.450/05:

> [...]
> Art. 2º. O pregão, na forma eletrônica, como modalidade de licitação do tipo menor preço, realizar-se-á quando a disputa pelo fornecimento de bens ou serviços comuns for feita à distância em sessão pública, por meio de sistema que promova a comunicação pela internet.
> §1º Consideram-se bens e serviços comuns *aqueles cujos padrões de desempenho e qualidade possam ser objetivamente definidos pelo edital, por meio de especificações usuais do mercado* [grifos nossos].

Nesse sentido também é a posição de Pereira Junior (2003:1006):

> Em aproximação inicial do tema, pareceu que "comum" também sugeria simplicidade. Percebe-se, a seguir, que não. O objeto

---

ser alcançado. Já Scarpinela (2003:167) entende que a regra para contratação de bens e serviços comuns é a adoção de pregão, cabendo ao administrador, se quiser utilizar outra modalidade, justificar o ato.

[90] Art. 1º: "O art. 3º do Decreto nº 31.863, de setembro de 2002, passa a vigorar com a seguinte redação, acrescido de parágrafo único: Art. 3º - Na aquisição de bens e serviços comuns no âmbito da Administração Direta e Indireta deverá ser utilizada obrigatoriamente a modalidade licitatória de pregão eletrônico.
[...]"

pode portar complexidade técnica e ainda assim ser "comum", no sentido de que essa técnica é perfeitamente conhecida, dominada e oferecida pelo mercado. Sendo tal técnica bastante para atender às necessidades da Administração, a modalidade pregão é cabível a despeito da maior sofisticação do objeto.

Sobre a impossibilidade de utilização do pregão eletrônico para a contratação de obras de engenharia (além das locações imobiliárias e alienações em geral), faz o art. 6º do Decreto Federal nº 5.450/2005[91] expressa menção. Alguns doutrinadores passaram a sustentar, então, a possibilidade de ser adotada a forma eletrônica de pregão para a contratação de *serviços* de engenharia.[92]

De fato, há grande controvérsia doutrinária quanto à possibilidade ou não de aplicação de pregão (tanto eletrônico quanto presencial) para contratação de alguns tipos de obras e serviços (ex.: obras e serviços de engenharia, bens e serviços de informática, locações imobiliárias, alienações em geral), que aparentemente não poderiam ser enquadrados como "comuns". Reafirme-se, nessas situações, que somente a análise do caso concreto é que poderá averiguar se o objeto da licitação se enquadra ou não no conceito de "bem ou serviço comum".

Procedimento e novações[93]

O pregão eletrônico deverá ser conduzido pelo órgão ou entidade que estiver promovendo a licitação, com o apoio técnico e operacional do provedor de sistema eletrônico, que, no caso

---

[91] "Art. 6º A licitação na modalidade de pregão, na forma eletrônica, não se aplica às contratações de obras de engenharia, bem como às locações imobiliárias e alienações em geral."

[92] Em sentido contrário, vide Questões Práticas (2005c:807-808).

[93] Este estudo utilizará como referência, basicamente, o decreto regulamentar do pregão eletrônico editado no âmbito da União (Decreto Federal nº 5.450/2005).

da União (para os órgãos integrantes do Sistema Integrado de Serviços Gerais — Sisg) será a Secretaria de Logística e Tecnologia da Informação, do Ministério do Planejamento, Orçamento e Gestão — SLTI (art. 2º, §4º, do Decreto nº 5.450/2005).

Assim, para facilitar o acesso e promover a realização de processos eletrônicos de licitação e aquisição de bens e serviços pelo governo, foram criados portais eletrônicos de compras, nos quais é possível obter as mais diversas informações (sobre pregões agendados, em andamento, atas de contratos etc.), promover cadastramentos, extrair certidões, acompanhar as licitações e participar delas, acessar a legislação pertinente etc.[94] São exemplos de portais eletrônicos o Comprasnet (www.comprasnet.gov.br), do governo federal, e o portal de licitações do Banco do Brasil (www.licitacoes-e.com.br), utilizado também pela Petrobras e pelo governo do estado do Rio de Janeiro (por meio de convênio firmado com o Banco do Brasil). Em relação à fase interna da licitação na modalidade pregão eletrônico, estabelece o art. 9º do Decreto nº 5.450/2005:

> Art. 9º. Na fase preparatória do pregão, na forma eletrônica, será observado o seguinte:
> I – elaboração de termo de referência pelo órgão requisitante, com indicação do objeto de forma precisa, suficiente e clara, vedadas especificações que, por excessivas, irrelevantes ou desnecessárias, limitem ou frustrem a competição ou sua realização;
> II – aprovação do termo de referência pela autoridade competente;
> III – apresentação de justificativa da necessidade da contratação;
> IV – elaboração do edital, estabelecendo critérios de aceitação das propostas;

---

[94] Perceba-se que nesses portais são oferecidos serviços tanto para o próprio governo quanto para fornecedores e também para usuários (algumas partes de acesso restrito e outras com livre acesso).

V – definição das exigências de habilitação, das sanções aplicáveis, inclusive no que se refere aos prazos e às condições que, pelas suas particularidades, sejam consideradas relevantes para a celebração e execução do contrato e o atendimento das necessidades da administração; e

VI – designação do pregoeiro e de sua equipe de apoio.

§1º A autoridade competente motivará os atos especificados nos incisos II e III, indicando os elementos técnicos fundamentais que o apoiam, bem como quanto aos elementos contidos no orçamento estimativo e no cronograma físico-financeiro de desembolso, se for o caso, elaborados pela administração.

§2º O termo de referência é o documento que deverá conter elementos capazes de propiciar avaliação do custo pela administração diante de orçamento detalhado, definição dos métodos, estratégia de suprimento, valor estimado em planilhas de acordo com o preço de mercado, cronograma físico-financeiro, se for o caso, critério de aceitação do objeto, deveres do contratado e do contratante, procedimentos de fiscalização e gerenciamento do contrato, prazo de execução e sanções, de forma clara, concisa e objetiva.

Para a função de pregoeiro,[95] cujas atribuições estão definidas no art. 11 do Decreto nº 5.450/2005,[96] bem como para a

---

[95] O §3º do art. 10 do Decreto nº 5.450/2005 estabeleceu que o pregoeiro poderá ser designado por mandato de um ano, permitidas reconduções, ou nomeado para licitações específicas, a critério da autoridade competente.
[96] "Art. 11. Caberá ao pregoeiro, em especial:
I – coordenar o processo licitatório;
II – receber, examinar e decidir as impugnações e consultas ao edital, apoiado pelo setor responsável pela sua elaboração;
III – conduzir a sessão pública na internet;
IV – verificar a conformidade da proposta com os requisitos estabelecidos no instrumento convocatório;
V – dirigir a etapa de lances;
VI – verificar e julgar as condições de habilitação;
VII – receber, examinar e decidir os recursos, encaminhando à autoridade competente quando mantiver sua decisão;
VIII – indicar o vencedor do certame;
IX – adjudicar o objeto, quando não houver recurso;

equipe de apoio,[97] poderão ser indicados servidores do órgão ou entidade promotora da licitação ou mesmo que não pertençam ao órgão ou entidade que estiver realizando o pregão eletrônico, desde que o órgão cedente dos servidores integre o Sistema Integrado de Serviços Gerais (Sisg), como definido no art. 10 do Decreto nº 5.450/2005.

Faz-se necessário, na forma eletrônica de pregão, que a autoridade competente do órgão, o pregoeiro, a equipe de apoio e os licitantes[98] estejam previamente[99] cadastrados no provedor

---

X – conduzir os trabalhos da equipe de apoio; e
XI – encaminhar o processo devidamente instruído à autoridade superior e propor a homologação."
[97] Segundo o §1º do art. 10 do Decreto Federal nº 5.450/2005: "a equipe de apoio deverá ser integrada, em sua maioria, por servidores ocupantes de cargo efetivo ou emprego da administração pública, pertencentes, preferencialmente, ao quadro permanente do órgão ou entidade promotora da licitação".
[98] De acordo com o §6º do art. 3º do Decreto nº 5.450/2005, o credenciamento do licitante implica a presunção de capacidade técnica do mesmo para o procedimento do pregão eletrônico. Além disso, o art. 13 do referido decreto estabelece os deveres dos licitantes que queiram participar do pregão eletrônico, nos termos seguintes:
"Art. 13. Caberá ao licitante interessado em participar do pregão, na forma eletrônica:
I – credenciar-se no Sicaf para certames promovidos por órgãos da administração pública federal direta, autárquica e fundacional, e de órgão ou entidade dos demais Poderes, no âmbito da União, Estados, Distrito Federal e Municípios, que tenham celebrado termo de adesão;
II – remeter, no prazo estabelecido, exclusivamente por meio eletrônico, via internet, a proposta e, quando for o caso, seus anexos;
III – responsabilizar-se formalmente pelas transações efetuadas em seu nome, assumindo como firmes e verdadeiras suas propostas e lances, inclusive os atos praticados diretamente ou por seu representante, não cabendo ao provedor do sistema ou ao órgão promotor da licitação responsabilidade por eventuais danos decorrentes de uso indevido da senha, ainda que por terceiros;
IV – acompanhar as operações no sistema eletrônico durante o processo licitatório, responsabilizando-se pelo ônus decorrente da perda de negócios diante da inobservância de quaisquer mensagens emitidas pelo sistema ou de sua desconexão;
V – comunicar imediatamente ao provedor do sistema qualquer acontecimento que possa comprometer o sigilo ou a inviabilidade do uso da senha, para imediato bloqueio de acesso;
VI – utilizar-se da chave de identificação e da senha de acesso para participar do pregão na forma eletrônica; e
VII – solicitar o cancelamento da chave de identificação ou da senha de acesso por interesse próprio.
Parágrafo único. O fornecedor descredenciado no Sicaf terá sua chave de identificação e senha suspensas automaticamente".
[99] Devem estar credenciados pelo menos três dias úteis antes da data da realização do pregão eletrônico.

de sistema eletrônico utilizado para a licitação (art. 3º, *caput*, do Decreto nº 5.450/2005). Esse credenciamento prévio não deve ser exigido de terceiros que apenas queiram acompanhar o certame, sob pena de violação do princípio constitucional da publicidade (art. 37, *caput*, CF/88).

No caso de um pregão eletrônico promovido por um órgão integrante do Sisg, o licitante deve cadastrar-se, por meio do portal Comprasnet, no Sistema de Cadastramento Unificado de Fornecedores (Sicaf).

Devido à utilização de meios eletrônicos para realização de licitação na modalidade ora em comento, devem-se adotar mecanismos efetivos de *segurança para os usuários*, como recursos de criptografia e de autenticação (art. 2º, §3º, do Decreto nº 5.450/2005),[100] além da "atribuição de chave de identificação e de senha,[101] pessoal e intransferível, para acesso ao sistema eletrônico" (art. 3º, §1º, do Decreto nº 5.450/2005).

Atendendo ao disposto no art. 17, §2º, do Decreto nº 5.450/2005, o aviso de edital deve conter

> a definição precisa, suficiente e clara do objeto, a indicação dos locais, dias e horários em que poderá ser lida ou obtida a íntegra do edital, bem como o endereço eletrônico onde ocorrerá a sessão pública, a data e hora de sua realização e a indicação de que o pregão, na forma eletrônica, será realizado por meio da internet.

---

[100] Esta previsão também é feita no §2º do art. 4º do Decreto Estadual nº 31.864/2002, do estado do Rio de Janeiro.

[101] Os §§ 4º e 5º do art. 3º do Decreto nº 5.450/2005 tratam das questões relativas à senha do licitante. Confira-se:
"Art. 3º. [...]
§4º A perda da senha ou a quebra de sigilo deverá ser comunicada imediatamente ao provedor do sistema, para imediato bloqueio de acesso;
§5º O uso da senha de acesso pelo licitante é de sua responsabilidade exclusiva, incluindo qualquer transação efetuada diretamente ou por seu representante, não cabendo ao provedor do sistema ou ao órgão promotor da licitação responsabilidade por eventuais danos decorrentes de uso indevido da senha, ainda que por terceiros".

Tal aviso deverá ser publicado na internet, no *Diário Oficial* e, dependendo do valor,[102] em jornal de circulação local, regional ou nacional, conforme dispõe o art. 17, I, II e III, do citado decreto.[103]

Cabe ressaltar que, para a referida publicação na internet, os documentos devem ser certificados digitalmente por uma autoridade certificadora, na forma estabelecida pelo Sistema de Infraestrutura de Chaves Públicas no Brasil (ICP-Brasil).

Com a publicação do aviso de edital tem início a fase externa do procedimento, podendo qualquer interessado, até dois dias úteis antes da data fixada para a abertura da sessão pública, impugnar o ato convocatório (cabendo ao pregoeiro decidir sobre a impugnação no prazo de 24 horas) ou pedir esclarecimentos, até três dias úteis anteriores à data fixada para abertura da sessão pública, exclusivamente por meio eletrônico — via internet, no endereço indicado no edital (arts. 18 e 19 do Decreto nº 5.450/2005).

Inicia-se, então, a fase de apresentação das propostas por parte dos licitantes, sempre pelo meio eletrônico (através de

---

[102] Salvo no caso de divulgação de pregão realizado com base no sistema de registro de preço, em que, independentemente do valor, deverá ser adotada a forma prevista no inciso III do art. 17 do Decreto nº 5.450/2005.

[103] Decreto nº 5.450/2005:
"Art. 17. A fase externa do pregão, na forma eletrônica, será iniciada com a convocação dos interessados por meio de publicação de aviso, observados os valores estimados para contratação e os meios de divulgação a seguir indicados:
I – até R$ 650.000,00 (seiscentos e cinquenta mil reais):
a) *Diário Oficial da União*; e
b) meio eletrônico, na internet;
II – acima de R$ 650.000,00 (seiscentos e cinquenta mil reais) até R$ 1.300.000,00 (um milhão e trezentos mil reais):
a) *Diário Oficial da União*;
b) meio eletrônico, na internet; e
c) jornal de grande circulação local;
III – superiores a R$ 1.300.000,00 (um milhão e trezentos mil reais):
a) *Diário Oficial da União*;
b) meio eletrônico, na internet; e
c) jornal de grande circulação regional ou nacional.
[...]"

senha privativa do licitante), devendo conter a descrição do objeto ofertado e o preço e, se for o caso, o respectivo anexo. As propostas podem ser enviadas desde a divulgação do edital na internet até o dia e a hora designados para a abertura da sessão, momento este em que os licitantes não poderão mais retirar ou substituir as propostas apresentadas inicialmente.

Frise-se, por oportuno, que, para participar do pregão eletrônico, "o licitante deverá manifestar, em campo próprio do sistema eletrônico, que cumpre plenamente os requisitos de habilitação e que sua proposta está em conformidade com as exigências do instrumento convocatório" (art. 21, §2º, do Decreto nº 5.450/2005). Tal medida visa evitar que licitantes sem as mínimas condições de habilitação venham a participar da fase de julgamento de propostas (anterior à fase de habilitação) e possam, posteriormente, alegar uma suposta boa-fé na participação do certame.

Registre-se que em todo o procedimento adota-se o horário de Brasília, independentemente de onde o licitante esteja participando do certame (art. 17, §5º, do Decreto nº 5.450/2005). Esta previsão expressa mostra-se de suma importância, evitando eventuais conflitos, já que no Brasil existe mais de um fuso horário, além de adoção sazonal do chamado "horário de verão".

No horário estipulado no edital terá início a sessão pública na internet (em que os licitantes poderão atuar utilizando sua chave de acesso e senha),[104] com o pregoeiro analisando as propostas apresentadas e desclassificando de plano aquelas que não estejam em conformidade com o edital (decisão sempre fundamentada e registrada no sistema, a fim de que os participantes

---

[104] O sistema deverá disponibilizar campos próprios para que o pregoeiro e os licitantes possam se comunicar (art. 22, §5º, do Decreto nº 5.450/2005).

do certame possam ter ciência dela e venham, se for o caso, a interpor recurso contra a decisão no momento apropriado).

As propostas então classificadas pelo pregoeiro serão ordenadas automaticamente pelo sistema, tendo início, então, a fase de lances, em que os licitantes competirão entre si na oferta do menor preço (lembre-se de que o pregão adota obrigatoriamente o tipo menor preço).

Há, nesse ponto, uma diferença importante em relação ao pregão presencial. O Decreto nº 5.450/2005 estabelece que a participação na fase de lances no pregão eletrônico se dará entre os licitantes que tiverem suas propostas classificadas pelo pregoeiro, que deverá, para tanto, analisar a conformidade delas com os requisitos do edital (art. 22, §2º, e art. 23), sem, contudo, levar em conta os critérios de valor das propostas para limitação dos participantes em tal fase (conforme determina o art. 4º, VIII e IX, da Lei nº 10.520/2002, para o pregão presencial). Quanto à fase competitiva de lances e suas peculiaridades, dispõe o art. 24 do Decreto nº 5.450/2005:

> Art. 24. Classificadas as propostas, o pregoeiro dará início à fase competitiva, quando então os licitantes poderão encaminhar lances exclusivamente por meio do sistema eletrônico.
> §1º No que se refere aos lances, o licitante será imediatamente informado do seu recebimento e do valor consignado no registro.
> §2º Os licitantes poderão oferecer lances sucessivos, observados o horário fixado para abertura da sessão e as regras estabelecidas no edital.
> §3º O licitante somente poderá oferecer lance inferior ao último por ele ofertado e registrado pelo sistema.
> §4º Não serão aceitos dois ou mais lances iguais, prevalecendo aquele que for recebido e registrado primeiro.
> §5º Durante a sessão pública, os licitantes serão informados, em tempo real, do valor do menor lance registrado, vedada a identificação do licitante.

§6º A etapa de lances da sessão pública será encerrada por decisão do pregoeiro.

§7º O sistema eletrônico encaminhará aviso de fechamento iminente dos lances, após o que transcorrerá período de tempo de até trinta minutos, aleatoriamente determinado, findo o qual será automaticamente encerrada a recepção de lances.

§8º Após o encerramento da etapa de lances da sessão pública, o pregoeiro poderá encaminhar, pelo sistema eletrônico, contraproposta ao licitante que tenha apresentado lance mais vantajoso, para que seja obtida melhor proposta, observado o critério de julgamento, não se admitindo negociar condições diferentes daquelas previstas no edital.

§9º A negociação será realizada por meio do sistema, podendo ser acompanhada pelos demais licitantes.

§10 No caso de desconexão do pregoeiro, no decorrer da etapa de lances, se o sistema eletrônico permanecer acessível aos licitantes, os lances continuarão sendo recebidos, sem prejuízo dos atos realizados.

§11 Quando a desconexão do pregoeiro persistir por tempo superior a dez minutos, a sessão do pregão na forma eletrônica será suspensa e reiniciada somente após comunicação aos participantes, no endereço eletrônico utilizado para divulgação.

Depois da fase de lances o pregoeiro:

(a) examinará a proposta do licitante classificado em primeiro lugar quanto a sua *aceitabilidade*, ou seja, deverá fazer um exame sobre a *exequibilidade* da proposta, questionando se o objeto ofertado (nas condições, padrões, quantidade, prazos etc.) poderá, em tese, ser fornecido pelo futuro contratante a partir do preço que está sendo cobrado; e
(b) verificará a habilitação desse licitante.

Destaque-se que a documentação de habilitação deverá ser verificada pelo Sistema de Cadastramento Unificado de Fornecedores (Sicaf) e, caso seja necessária análise de outros documentos previstos no edital, o licitante deverá enviá-los por fax, com a posterior remessa dos originais ou cópias autenticadas. É possível que o licitante faça uso de documentos eletrônicos (ex.: e-CNPJ, certidões negativas etc.) apresentados em sites oficiais de órgãos ou entidades emissoras de certidões.

Registre-se que, consolidando o entendimento de que a administração deve respeitar o procedimento formal, sem, contudo, ser excessivamente formalista, o Decreto nº 5.450/2005, em seu art. 26, §3º, permite que

> no julgamento da habilitação e das propostas, o pregoeiro poderá sanar erros ou falhas que não alterem a substância das propostas, dos documentos e sua validade jurídica, mediante despacho fundamentado, registrado em ata e acessível a todos, atribuindo-lhes validade e eficácia para fins de habilitação e classificação.

Se o licitante classificado em primeiro lugar não atender a todas as exigências de habilitação ou se sua proposta for considerada inexequível, o pregoeiro examinará a proposta e a qualificação do segundo colocado, e assim sucessivamente, até que algum licitante preencha os requisitos estabelecidos em lei e no edital.

Se atendidas todas as exigências contidas no edital, o licitante primeiro colocado será, então, declarado vencedor pelo pregoeiro. Inicia-se, então, a fase recursal do procedimento.[105]

---

[105] Reafirme-se aqui o entendimento, apesar de algumas críticas doutrinárias, de que não há com essa postergação da fase recursal uma possível violação ao princípio da ampla defesa (art. 5º, LV da CF/88), pois o direito de defesa do licitante restará assegurado, apesar de concentrado no final do procedimento.

Nesse caso, se algum licitante pretender recorrer de algo que tenha ocorrido no curso do procedimento licitatório, deverá manifestar-se na sessão pública, imediata e motivadamente (sob pena de decadência do direito), em campo próprio do sistema, quando lhe será concedido o prazo de três dias para apresentar as razões de recurso. Ficam, desde logo, os demais licitantes intimados para, querendo, apresentarem contrarrazões em igual prazo, que começará a contar do término do prazo do recorrente, sendo-lhes assegurada vista imediata dos elementos indispensáveis à defesa dos seus interesses (conforme dispõe o art. 26 do Decreto nº 5.450/2005).

Frise-se que, no julgamento de um recurso interposto tempestivamente, o pregoeiro deverá preservar ao máximo os atos não eivados de vício (art. 26, §2º, do Decreto nº 5.450/2005).

Depois de decididos os recursos — caso tenham sido interpostos —, a autoridade competente poderá adjudicar o objeto e homologar o certame, convocando o licitante vencedor (adjudicatário) para a assinatura do contrato administrativo no prazo estabelecido no edital. Lembre-se, apenas, de que o licitante fica vinculado à sua proposta por 60 dias (salvo disposição em contrário expressa no edital), devendo manter as condições iniciais de habilitação até a referida assinatura do contrato e no decorrer dele.

Caso, por algum motivo, o adjudicatário não assine o contrato administrativo, seja porque não manteve as condições de habilitação ou porque se recusou injustificadamente a contratar dentro do prazo de validade de sua proposta, o pregoeiro poderá convocar os demais licitantes, na ordem de classificação (iniciando-se pelo segundo colocado), verificando sua habilitação e negociando a proposta. Se esta estiver em conformidade com a lei e com o edital, assinar contrato com ele, independentemente das sanções previstas na lei, no edital e no contrato que possam ser aplicadas ao licitante que não honrou com suas obrigações[106] (art. 27 do Decreto nº 5.450/2005).

Registre-se que à autoridade administrativa é lícito revogar o certame para a proteção do interesse público (devendo comprovar e justificar tal ato)[107] ou anulá-lo, de ofício ou a requerimento, sem que isso acarrete, a princípio, direito a indenização por parte dos licitantes.[108]

Saliente-se, por fim, que o Decreto nº 5.450/2005 prevê que o processo licitatório do pregão eletrônico transcorra todo ele pelo procedimento eletrônico, com os atos e documentos previstos no art. 30[109] do referido decreto sendo considerados válidos

---

[106] Destaque-se a possibilidade de punições aos licitantes previstas no art. 28 do Decreto nº 5.450/2005:
"Art. 28. Aquele que, convocado dentro do prazo de validade de sua proposta, não assinar o contrato ou ata de registro de preços, deixar de entregar documentação exigida no edital, apresentar documentação falsa, ensejar o retardamento da execução de seu objeto, não mantiver a proposta, falhar ou fraudar na execução do contrato, comportar-se de modo inidôneo, fizer declaração falsa ou cometer fraude fiscal, garantido o direito à ampla defesa, ficará impedido de licitar e de contratar com a União, e será descredenciado no Sicaf, pelo prazo de até cinco anos, sem prejuízo das multas previstas em edital e no contrato e das demais cominações legais."
[107] Vide, a título de exemplo, a decisão do egrégio Superior Tribunal de Justiça no julgamento da MC 11055/RS. Relator: ministro Luiz Fux. Órgão julgador: Primeira Turma. Data do julgamento: 16-5-2006. Data da publicação/fonte: *DJ* de 8-6-2006, p. 119.
[108] O próprio Decreto nº 5.450/2005 ressalva a possibilidade de indenização do contratado de boa-fé pelos encargos que tiver suportado no cumprimento do contrato (art. 29, §2º).
[109] "Art. 30. O processo licitatório será instruído com os seguintes documentos:
I – justificativa da contratação;
II – termo de referência;
III – planilhas de custo, quando for o caso;
IV – previsão de recursos orçamentários, com a indicação das respectivas rubricas;
V – autorização de abertura da licitação;
VI – designação do pregoeiro e equipe de apoio;
VII – edital e respectivos anexos, quando for o caso;
VIII – minuta do termo do contrato ou instrumento equivalente, ou minuta da ata de registro de preços, conforme o caso;
IX – parecer jurídico;
X – documentação exigida para a habilitação;
XI – ata contendo os seguintes registros:
a) licitantes participantes;
b) propostas apresentadas;

para todos os efeitos legais, inclusive para prestação e comprovação de contas (art. 30, §1º, do Decreto nº 5.450/2005).

Sem dúvida, o pregão na forma eletrônica possibilita à administração pública um ganho em eficiência, economia e transparência nas licitações e contratações, devendo-se investir no aprimoramento e expansão de tal procedimento, principalmente nos estados e municípios, aperfeiçoando a legislação e os mecanismos de segurança virtual conforme a prática dos pregões melhor indicar, visando, principalmente, assegurar a máxima competitividade entre os licitantes.

Questões de automonitoramento

1. Após ler este capítulo, você é capaz de resumir os casos geradores do capítulo 6, identificando as partes envolvidas, os problemas atinentes e as soluções cabíveis?
2. No que consistem os "bens e serviços comuns" previstos na Lei do Pregão? Os itens constantes de decretos regulamentares são taxativos ou exemplificativos?
3. Identifique as principais inovações introduzidas pelo pregão.
4. Quais são as etapas do procedimento licitatório (fases interna e externa) do pregão presencial?

---

c) lances ofertados na ordem de classificação;
d) aceitabilidade da proposta de preço;
e) habilitação; e
f) recursos interpostos, respectivas análises e decisões;
XII – comprovantes das publicações:
a) do aviso do edital;
b) do resultado da licitação;
c) do extrato do contrato; e
d) dos demais atos em que seja exigida a publicidade, conforme o caso.
[...]"

5. Descreva as principais diferenças entre o pregão presencial e o eletrônico.
6. Pense e descreva, mentalmente, outras alternativas para a solução dos casos geradores do capítulo 6.

4

Fase interna da licitação

Roteiro de estudo

Procedimento

A licitação é um procedimento administrativo e, como tal, pressupõe a prática de diversos atos preordenados, emanados de vários agentes administrativos, visando, ao fim, à escolha da melhor proposta e a efetivação da necessária contratação.

O procedimento pode ser dividido em duas fases: uma interna e outra externa. Na primeira são praticados os atos preparatórios, no âmbito interno da administração, como a identificação da necessidade da contratação e sua respectiva autorização, a descrição do objeto, a pesquisa de preços etc. A segunda fase inicia-se a partir da divulgação das regras do certame, com a publicação do edital ou o envio da carta-convite, marcando o começo efetivo do processo de concorrência e passando a envolver direito de terceiros interessados em participar da licitação, conforme as regras preestabelecidas.[110]

---

[110] Essa é a posição majoritária, amplamente aceita na doutrina. Entretanto, registra-se haver divergência, a exemplo da posição de Dallari (2002:83-88), para quem os atos

Todo o procedimento deve estar documentado em um processo administrativo, devidamente autuado e numerado (art. 38 da Lei nº 8.666/1993).[111]

Souto (2004a:38) ressalva que

> em um processo, como conjunto encadeado de atos, tudo se baseia na presunção de legitimidade, legalidade e veracidade dos atos antecedentes, o que representa um fator de definição de responsabilidade.

Significa que não é exigido do agente público, quando da prática do ato que lhe compete dentro do procedimento, rever os atos praticados anteriormente, os quais, se equivocados ou falsos forem, ensejarão a responsabilização do agente que os praticou, salvo erro grosseiro ou flagrante ilegalidade.

Pode-se destacar a participação, no procedimento licitatório, dos seguintes agentes administrativos: autorizador e ordenador de despesas, chefe de divisão administrativa, assessor jurídico, presidente e membros da Comissão de Licitação (ou o pregoeiro e equipe de apoio, no caso da modalidade "pregão"). As quatro primeiras figuras têm participação relevante na fase interna, razão pela qual serão definidas a seguir.

---

preparatórios não integram o procedimento da licitação, pois seriam "preliminares ao procedimento em si, anteriores a ele e, logicamente, externos à licitação". Assim, para esse autor, o procedimento se dividiria em cinco "fases cronologicamente ordenadas", a saber: (a) abertura da licitação; (b) habilitação de licitantes; (c) classificação das propostas; (d) adjudicação; (e) aprovação do procedimento.

[111] Di Pietro (2003:331) adverte que o art. 38 da Lei nº 8.666/1993 reproduz impropriedade que constava no Decreto-Lei nº 2.300/1986, pois também utiliza a expressão "procedimento da licitação" no sentido de processo materialmente considerado, "como um conjunto de documentos autuados, protocolados e numerados, formando uma pasta na qual se arquiva tudo o que se refere ao procedimento. É que o referido artigo determina que o início do procedimento da licitação ocorrerá com a abertura de processo administrativo, devidamente autuado, protocolado e numerado, contendo a autorização respectiva, a indicação sucinta de seu objeto e do recurso próprio para a despesa, e ao qual serão juntados oportunamente os documentos produzidos pela administração e pelos licitantes, como o edital, as propostas, as atas, os pareceres e os recursos interpostos etc.".

O autorizador de despesa é a autoridade definida em lei capaz de tomar a decisão política de assumir obrigações e direitos em nome de entidades da administração (Souto, 2004a:21). É, portanto, uma autoridade política (em geral presidente; governadores; prefeitos e respectivos vices; ministros; secretários; presidentes de autarquias, empresas públicas, sociedades de economia mista e fundações etc.), a quem caberá assinar o edital ou as ratificações de dispensa e inexigibilidade de licitação e, por fim, o contrato, além de homologar a licitação e julgar os recursos, assinar os empenhos, prestando contas de sua gestão ao respectivo tribunal de contas. Entretanto, é permitida a delegação de alguns de seus poderes para outro agente administrativo a ser designado como ordenador de despesa.

Assim, o ordenador de despesas é a autoridade que recebe poderes delegados pelo autorizador, podendo assinar contratos, editais, justificativas de dispensa e inexigibilidade, as quais deverão ser ratificadas pelo autorizador, pois somente a este cabe tomar decisões políticas. Compete-lhe também assinar cheques ou ordens de pagamento.

O chefe de divisão de administração é aquele que, em cada órgão ou entidade, está encarregado da administração dos seus bens, serviços e obras, e à sua unidade competirá receber as solicitações de aquisição desses itens, dando início ao procedimento de contratação.

Ao assessor jurídico (advogado) compete o exame e a elaboração de parecer sobre a regularidade do procedimento e, principalmente, sobre a minuta do edital e do contrato (art. 38 da Lei nº 8.666/1993).

Fase interna

É o momento em que são praticados os atos preparatórios das licitações, de acordo com a procedimentalização estabelecida, a qual não foi sistematizada pela Lei nº 8.666/1993, pois, no dizer de Garcia (2006:186), há "reserva administrativa de cada órgão ou entidade na definição dos procedimentos internos a serem adotados".[112]

Justen Filho (2005:104), ressaltando a importância dessa fase, chega a afirmar que "quase a totalidade dos problemas enfrentados pela Administração ao longo da licitação e durante a execução do contrato podem ser evitados por meio da atuação cuidadosa e diligente nessa etapa interna".

Passa-se, agora, à análise dos trâmites internos básicos preparatórios da licitação, envolvendo: (i) a requisição do objeto (que inaugura o processo); (ii) a estimativa do valor (mediante pesquisa de mercado); (iii) a autorização da despesa (respeitadas a adequação orçamentária e financeira e os demais requisitos); (iv) a elaboração da minuta do instrumento convocatório e da minuta do contrato; (v) a análise jurídica (do edital e do contrato minutados).

O Tribunal de Contas da União (2004:3581), em texto elaborado para apresentar suas orientações básicas e os procedimentos essenciais para a realização de licitações, sugere a seguinte sequência de atos preparatórios:

❏ solicitação expressa do setor requisitante interessado, com indicação de sua necessidade;

---

[112] Sobre a procedimentalização, Souto (2004a:31) ressalta que em cada entidade "deve haver um Plano de estruturação administrativa e financeira da Administração, que decorre da necessidade de criação de estruturas, rotinas e cronogramas de estocagem e desembolsos, bem como da oportunidade de atuação, para que o atendimento das necessidades da Administração seja compatível com a execução orçamentária. A comissão de licitação e demais agentes envolvidos devem estar devidamente estruturados e entrosados para o fluxo de operações ter seguimento no tempo e forma desejados para o cumprimento dos contratos. O regimento interno de licitações e o calendário de licitações são dois instrumentos fundamentais nessa etapa".

- aprovação da autoridade competente para início do processo licitatório, devidamente motivada e analisada sob a ótica da oportunidade, conveniência e relevância para o interesse público;
- autuação do processo correspondente, que deverá ser protocolizado e numerado;
- elaboração da especificação do objeto, de forma precisa, clara e sucinta;
- estimativa do valor da contratação, mediante comprovada pesquisa de mercado;
- indicação dos recursos orçamentários para fazer face à despesa;
- verificação da adequação orçamentária e financeira, em conformidade com a Lei de Responsabilidade Fiscal, quando for o caso;
- elaboração de projeto básico, obrigatório em caso de obras e serviços;
- definição da modalidade e do tipo de licitação a serem adotados.

A existência e regularidade desses atos no processo (ou sua presunção) são verdadeiros requisitos de admissibilidade e validade da licitação.

Embora possa haver variação na ordem e na atribuição de competências internas em cada entidade, é certo que muitos desses atos têm previsão legal e são de observação obrigatória em todos os procedimentos licitatórios.

Diga-se também que, além das exigências constantes na Lei nº 8.666/1993 (ou nas leis nºs 10.520/2002, no caso do pregão, ou 11.079/2004 e 8.987/1995, nos casos de licitação de concessões de serviços públicos), a instauração da licitação e a validade da contratação dependem também da observância das disposições da Lei de Responsabilidade Fiscal (Lei Complementar nº 101, de 4 de maio de 2000).

A aprovação da licitação, conforme explica Souto (2004a:38), implica, automaticamente, o reconhecimento de:

- necessidade do objeto, em termos qualitativos e quantitativos e na oportunidade para a sua aquisição;
- aparente adequação da descrição do objeto do contrato a ser submetido à licitação (valendo lembrar que a autoridade política não é um técnico e se louva nos atos anteriores);
- existência de previsão orçamentária e de recursos disponíveis para a aquisição.

As principais etapas da fase interna, assim como as exigências da Lei de Responsabilidade Fiscal, serão objeto de análise mais adiante. Cumpre, no entanto, passar primeiro às observações específicas referentes a cada um dos possíveis objetos contratuais, quais sejam: obras, serviços, compras e alienações.

Obras e serviços

Na lição de Justen Filho (2005:94-95), a diferença entre obra e serviço está no fato de que, enquanto na obra o que importa é o resultado consistente na criação ou modificação de um bem corpóreo, no serviço prepondera a atividade humana, já que a importância do serviço estaria na atividade em si mesma, sendo esta uma obrigação de meio e aquela uma obrigação de fim.

Quanto às espécies de serviços, recorre-se à lição de Meirelles (1999b:50-52), que explica que os serviços comuns são aqueles que não exigem habilitação especial para a sua execução, ou seja, não são privativos de alguma profissão; os serviços "técnico-profissionais" são aqueles que exigem habilitação legal para a sua prestação (são privativos de profissional habilitado, seja um artífice, um técnico de grau médio, ou um diplomado superior), havendo, nesta categoria, os serviços "técnico-profissionais generalizados", que não demandam mais conhecimentos teóricos ou práticos além dos normalmente ministrados nos cursos de formação profissional (de nível médio e superior). Por sua vez, os serviços "técnico-profissionais especializados" são aqueles para os quais, além da habilitação técnica e profissional normal, é requerido maior aprofundamento (habilidades que não são encontradas em quaisquer profissionais).

A Lei nº 8.666/1993, em seu art. 13, faz referência a "serviços técnicos profissionais especializados", apresentando o rol dos trabalhos que podem ser assim considerados. Trata-se, no entanto, de rol exemplificativo, consoante entende grande parte da doutrina.[113]

A relevância deste artigo relaciona-se com a previsão, no inciso II do art. 25 da mesma lei, que possibilita considerar inviável a competição nos casos de "serviços técnico-profissionais especializados" referidos no art. 13, permitindo a contratação direta com profissional de notória especialização.

Mas pode o serviço especializado ser licitado, devendo ser adotada, preferencialmente, a licitação por concurso, condicionando o pagamento do prêmio à cessão dos respectivos direitos autorais (§1º do art. 13 da Lei nº 8.666/1993).

Já quanto aos serviços comuns, estes podem ser licitados na modalidade pregão, sendo mencionados pela Lei nº 10.520/2002.

Com relação aos serviços de publicidade, foram expressamente excluídos, pela Lei nº 8.666/1993, do regime de contratação direta, ao se proibir a aplicação da regra de inexigibilidade para esse fim (art. 25, II, última parte). Segundo Meirelles (1999b:54), tal se explica diante de tantos "abusos praticados pela Administração Pública na contratação de *ser-*

---

[113] Cf., nesse sentido: Meirelles (1999b:52); Justen Filho (2005:131); Pereira Junior (1997:100).

viços de publicidade e divulgação sem procedimento licitatório" (grifos do autor).

Quanto às peculiaridades procedimentais relativas às obras e serviços, a Lei nº 8.666/1993, em seu art. 7º, exige que, antes de serem licitados, seja elaborado pela administração e aprovado pela autoridade competente o respectivo *projeto básico*, com a descrição da obra ou serviço a ser contratado.

Assim, a sequência a ser observada para a realização da licitação, nesses casos, deve prever a elaboração do projeto básico (e do *projeto executivo* — que é ainda mais detalhado que o projeto básico —, quando se entender necessário).

O projeto básico deve estar disponível para exame pelos interessados, posto que nele está descrito o objeto do contrato, de menção obrigatória pela administração.

Diga-se também que a elaboração dos projetos básico e executivo é, em geral, de responsabilidade da administração, mas pode ser licitada para ambas as hipóteses.[114]

Com o advento da Lei de Responsabilidade Fiscal, as obras, para terem assegurada a sua continuidade, devem atender, entre outras disposições, especialmente ao planejamento de seus objetivos e metas da administração pública, com previsão não só no Plano Plurianual como na Lei de Diretrizes Orçamentárias.

Quanto ao *parcelamento*, a regra é sua vedação nos casos de obras e serviços, determinando a lei que tanto a sua programação como a sua execução sejam integrais, salvo se houver motivos de ordem técnica ou insuficiência de recursos. Atente-se que, quando admitida, a execução fracionada deverá ser precedida de licitação na modalidade que regeria a totalidade do objeto.

O *fracionamento* deve ser evitado, principalmente nos casos em que há unicidade do objeto e em que, mesmo executado

---

[114] Mais informações sobre os projetos básico e executivo serão apresentadas a seguir.

em etapas diversas, sua execução por licitantes distintos pode levar ao inconveniente de diversidade de técnicas, bem como à dificuldade do controle da execução, além de dar ensejo à transferência de responsabilidade.[115]

Aliás, o art. 11 da Lei de Licitações estabelece que as obras e os serviços destinados aos mesmos fins terão seus projetos padronizados, o que objetiva, entre outros fatores, reduzir o custo da produção e otimizar a conservação dos bens.

Do ponto de vista do direito financeiro, obras e serviços podem ter classificações orçamentárias distintas, já que a primeira, em geral, é considerada despesa de capital, devendo estar prevista em Plano Plurianual, enquanto o serviço pode ser considerado despesa corrente, o que é de suma importância para o ato autorizador da despesa.

Quanto aos requisitos da Lei de Responsabilidade Fiscal, eles também serão objeto de análise em momento oportuno.

Projeto básico

A Lei nº 8.666/1993, em seu art. 7º, §2º, I, estabelece que a licitação de obra ou serviço deve ser precedida da elaboração do projeto básico, que deverá estar anexado ao ato convocatório, dele sendo parte integrante (art. 40, §2º), o qual deverá ser elaborado observando as exigências contidas no citado diploma legal.

O projeto básico visa possibilitar a avaliação do custo da obra e a definição dos métodos e do prazo de execução. Assim, permite à administração conhecer plenamente o objeto que se quer licitar e fornece ao licitante as informações necessárias à

---

[115] A ressalva é da procuradora do estado do Rio de Janeiro, Maria Fernanda Valverde, no Parecer nº 16/1992, exarado no Processo nº E-14/034243/92, citado por Souto (2004a:48).

boa elaboração de sua proposta, mediante as regras preestabelecidas.[116] Também é obrigatório, no que couber, para contratações diretas por dispensa ou inexigibilidade de licitação.

A Lei nº 8.666/1993, em seu art. 6º, IX, conceitua projeto básico como o

> conjunto de elementos necessários e suficientes, com nível de precisão adequado, para caracterizar a obra ou serviço, ou complexo de obras ou serviços objeto da licitação, elaborado com base nas indicações dos estudos técnicos preliminares, que assegurem a viabilidade técnica e o adequado tratamento do impacto ambiental do empreendimento, e que possibilite a avaliação do custo da obra e a definição dos métodos e do prazo de execução.

Os elementos que o projeto básico deve conter estão descritos nas alíneas do inciso IX do art. 6º da Lei de Licitações.

A questão que aqui surge é saber se há necessidade de projeto básico para todos os tipos de serviço ou somente para os de engenharia. Para o TCU, a lei incluiu qualquer tipo de serviço a ser prestado, sem fazer distinção.[117]

Entretanto, Justen Filho (2005:106) pontua que "projetos básico e executivo" são figuras relacionadas exclusivamente com obras e serviços de engenharia, não havendo cabimento, por exemplo, exigi-los em uma licitação para serviços de vigilância.

Projeto executivo

O projeto executivo é mais detalhado e específico que o projeto básico, devendo apresentar, de forma pormenorizada, as condições e os custos de execução da obra ou do serviço.

---

[116] Sobre o projeto básico, confira-se Altounian (2007:93-103).
[117] Cf. Altounian (2007:93-103).

A Lei nº 8.666/1993 não exige, para a realização do procedimento licitatório, a existência prévia de projeto executivo, permitindo que seja desenvolvido concomitantemente à execução das obras e dos serviços, desde que também autorizado pela administração.

Entretanto, Justen Filho (2005:105) entende que caberia "uma solução hermenêutica perfeitamente correta, consistente na obrigatória elaboração prévia do projeto executivo". E argumenta sustentando que "na ausência de um projeto executivo torna-se impossível estimar o próprio custo da futura contratação", pois "uma das vias para tornar inútil a determinação da previsão de recursos orçamentárias reside em promover contratação sem projeto executivo".[118]

Sustenta também que, como a execução de obras públicas está sujeita ao licenciamento ambiental, sempre que for necessário obter a referida licença, será melhor que a licitação ocorra depois de elaborado o projeto executivo e de obtido o licenciamento ambiental. Assim, a licitação feita apenas com base no projeto básico estaria correndo o risco de, quando o vencedor elaborasse o projeto executivo e o submetesse aos órgãos responsáveis pela outorga da competente licença, ser condicionada a tantas correções e alterações no projeto que acabasse por desconfigurar por completo o objeto, conforme licitado (Justen Filho, 2005:113).

---

[118] Justen Filho (2005:105) complementa: "a ausência de projeto executivo importa sério risco de frustração do princípio constitucional e legal de que toda e qualquer contratação pressupõe recursos financeiros suficientes. [...] É verdade que o §1º contempla exceção, na sua parte final. Admite-se desenvolvimento do projeto executivo contemporaneamente à execução das obras e serviços. Mas inexiste discricionariedade da Administração, que deverá fundamentar a decisão de dar seguimento às obras ou serviços ao mesmo tempo da elaboração do projeto executivo. [...] O que não se pode admitir é a licitação de empreendimentos de grande complexidade sem projeto executivo mediante a pura e simples invocação de que tal é autorizado pelo §1º do art. 7º da Lei de Licitações".

Quanto aos projetos básico e executivo, diga-se ainda que, para sua elaboração, devem ser observados os requisitos previstos no art. 12 da Lei nº 8.666/1993.

Especificamente com relação às licitações de *obras públicas no regime de parcerias público-privadas*, pretendeu-se, no inciso II do art. 11 da Lei nº 11.079/2004, atribuir apenas a responsabilidade da execução do projeto executivo ao parceiro privado, vencedor da licitação. Entretanto, tal inciso foi objeto de veto presidencial, cujas razões apresentadas ressaltaram que, se assim fosse mantido, presumir-se-ia que a elaboração do projeto básico ficaria a cargo da administração pública, o que significaria "reproduzir para as parcerias público-privadas o regime vigente para as obras públicas, ignorando a semelhança entre as parcerias e as concessões".[119]

Dessa forma, e não livre de discussões,[120] nas parcerias público-privadas tanto o projeto básico como o executivo serão elaborados pelo parceiro privado, por dispor da técnica necessária e da capacidade de inovar na definição de soluções eficientes em relação ao custo do investimento, sem perda de qualidade, refletindo no menor custo do serviço a ser remunerado pela administração ou pelo usuário. Bastará, para a descrição do objeto, estudo técnico previsto no art. 10, inciso I, da Lei nº 11.079/2004.

O art. 9º da Lei nº 8.666/1993 estabelece:

> Não poderá participar, direta ou indiretamente,[121] na licitação ou na execução de obra ou serviço e no fornecimento de bens a eles necessários:

---

[119] E prossegue o veto afirmando: "as parcerias público-privadas só se justificam se o parceiro privado puder prestar os serviços contratados de forma mais eficiente que a administração pública. Este ganho de eficiência pode advir de diversas fontes, uma das quais vem merecendo especial destaque na experiência internacional: a elaboração dos projetos básico e executivo da obra pelo parceiro privado".
[120] A respeito, ver Jungstedt (2005:177).
[121] De acordo com o §3º do art. 9º, "considera-se participação indireta a existência de qualquer vínculo de natureza técnica, comercial, econômica, financeira ou trabalhista entre o autor do projeto, pessoa física ou jurídica, e o licitante ou responsável pelos serviços, fornecimentos e obras, incluindo-se os fornecimentos de bens e serviços a estes necessários".

I – o autor do projeto, básico ou executivo, pessoa física ou jurídica;

II – empresa que, isoladamente ou em consórcio, seja responsável pela elaboração do projeto básico ou executivo ou da qual o autor do projeto seja dirigente, gerente, acionista ou detentor de mais de 5% (cinco por cento) do capital com direito a voto ou controlador, responsável técnico ou subcontratado;

III – servidor ou dirigente de órgão ou entidade contratante ou responsável pela licitação.

A participação do autor do projeto ou da empresa só será permitida, na licitação ou na execução, na qualidade de consultor ou técnico, nas funções de fiscalização, supervisão ou gerenciamento, exclusivamente a serviço da administração.

Compras

É a aquisição definitiva do domínio de determinado bem, mediante contrato bilateral.

O art. 15 da Lei nº 8.666/1993 estabelece as regras gerais aplicáveis, das quais destacam-se o princípio da padronização (inciso I) e o sistema de registro de preços (inciso II), já que as compras, sempre que possível, deverão atender ao *princípio da padronização* — que impõe "compatibilidade de especificações técnicas e de desempenho, observadas, quando for o caso, as condições de manutenção, assistência técnica e garantia oferecidas" — e deverão "ser processadas através de *sistema de registro de preços*".

A *padronização* é regra, devendo ser adotada sempre que houver conveniência de se estabelecerem critérios uniformes para as contratações realizadas pela administração. Aplica-se com mais relevância às compras, como nos casos de aquisição de veículos, máquinas e equipamentos, mas, como visto, aplica-se também às obras e serviços.

Conforme orienta o TCU,[122] para a decisão pela padronização devem ser levados em conta as condições de manutenção, assistência técnica e garantias oferecidas; o treinamento dos servidores para o manuseio de equipamentos; o barateamento do custo de manutenção pela compra de peças de reposição com economia de escala etc. A escolha deve ser objetiva e técnica, fundamentada em estudos, laudos, perícias e pareceres que demonstrem as vantagens econômicas e o atendimento ao interesse público.

Ao final do procedimento de padronização, serão escolhidos determinados atributos técnicos e características indispensáveis à contratação.[123] A lei não admite, porém, a preferência de marca determinada, em razão de prevalecer o princípio da igualdade entre os fornecedores. A padronização de marca somente é possível em casos excepcionais, quando ficar incontestavelmente comprovado que apenas aquele produto, de marca específica, atende aos interesses da administração.

Conforme já decidiu o TCU,[124] a indicação de marca na especificação de produtos de informática pode ser aceita frente ao princípio da padronização previsto no art. 15, I, da Lei nº 8.666/1993, desde que a decisão administrativa que venha a identificar o produto pela sua marca seja circunstancialmente motivada e demonstre ser essa a opção, em termos técnicos e econômicos, mais vantajosa para a administração.

---

[122] Tribunal de Contas da União (2004:3586).
[123] A administração pode ter por base produtos, projetos ou tecnologias já integrantes do patrimônio público e/ou objeto de futuras contratações, ou seja, pode decidir por adotar como padrão as especificações de objetos de que já dispõe ou licitar, introduzindo-se previsão de que o produto ou marca vencedora será adotado como padrão, para futuras contratações.
[124] Acórdão nº 1.521/2003. Plenário. Tribunal de Contas da União.

Nesse sentido, Justen Filho (2005:151-152) esclarece:

> Não é desnecessário reiterar a ausência de confusão entre os conceitos de padronização e preferência por marca. Logo, o resultado será a escolha pela Administração de uma "marca" determinada, a qual será utilizada posteriormente para identificar os objetos que serão contratados. Isso não se traduz em qualquer tipo de atuação reprovável, não infringe a Constituição nem viola a Lei nº 8.666. *O que se veda é preferência subjetiva e arbitrária por um produto, fundada exclusivamente na marca* [...] [grifos nossos]

Diga-se ainda que a padronização, em regra, não afasta a realização do procedimento licitatório, já que pode haver no mercado mais de um fornecedor do produto padronizado[125] (a exceção geralmente ocorre apenas quando há representante exclusivo).

A decisão pela padronização e a escolha de um determinado produto (projeto ou tecnologia) deverão ser devidamente fundamentadas, tendo por critério básico as vantagens para a administração.

Com relação ao *processamento pelo registro de preços*, Souto (2004a:64) ressalta que:

> Nas entidades dotadas de um Sistema de Registro de Preços (que não se confunde com cadastro de preços), a consulta e a estimativa de mercado ficam simplificadas; neste caso, a tarefa

---

[125] Cf. trecho do relatório do ministro relator do Acórdão nº 0686/1997. Plenário. Tribunal de Contas da União: "Ainda que fosse admitida preferência de marca, para fins de padronização, como permitido pela norma regedora da matéria (art. 15, I, da Lei nº 8.666/1993), afastando, no caso, a contratação de veículos de outra marca, se houver a possibilidade de os bens serem fornecidos por várias empresas, seria justificada e obrigatória a licitação.

pode até ensejar a desnecessidade de licitação se já houver um preço registrado, com a vantagem da celeridade e da desnecessidade de gastos com estocagem (já que a compra é feita se e quando é necessário).

O sistema de registro de preços deverá ser adotado sempre que:

- houver necessidade de contratações frequentes;
- não for possível definir previamente o quantitativo a ser demandado pela administração;
- for conveniente contratar o objeto para atender a mais de um órgão ou entidade ou a programas de governo; ou
- for mais conveniente a aquisição de bens com previsão de entregas parceladas ou contratação de serviços necessários à administração para o desempenho de suas atribuições.

O registro de preços é precedido de licitação, que pode ser realizada nas modalidades concorrência ou pregão (já que não estão sujeitas a limite de valor para contratação), e deve merecer prévia e ampla pesquisa de mercado. O critério de julgamento será o de menor preço, mas, excepcionalmente, poderá ser adotado, na modalidade concorrência, o tipo técnica e preço.[126]

Realizada a licitação, os preços e as condições de contratação são documentados na ata de registro de preços, ficando o fornecedor obrigado a entregar a quantidade prevista nas condições constantes do edital e da ata, para um consumo periódico, por determinado período.

A ata terá validade máxima de um ano, podendo ser prorrogada por mais 12 meses, em caráter excepcional, desde que

---

[126] A doutrina tem discutido, recentemente, o uso do sistema de registro de preços e a emergente figura do "carona", que é aquele que adere a um registro de preços licitado por outra entidade. Sobre o tema, entre outros, confira-se Garcia e Souto (2009:145-159).

devidamente justificada e autorizada a prorrogação, quando a proposta vencedora continuar se mostrando mais vantajosa.

Durante a vigência da ata, havendo necessidade de aquisição de objeto cujo preço nela conste, basta ao órgão ou entidade tomar as medidas necessárias para viabilizar a aquisição, verificando se o preço registrado continua compatível com o mercado.

O preço registrado na ata e a indicação dos respectivos fornecedores serão divulgados em órgão oficial da administração e ficarão disponíveis para os órgãos e as entidades da administração, mesmo que não tenham participado do certame licitatório.

O sistema de registro de preços, além de permitir contratações mais ágeis, evita o fracionamento da despesa, pois a escolha da proposta vantajosa já foi precedida de licitação nas modalidades concorrência ou pregão, que não estão restritas a valores-limites para contratação.

O art. 15 da Lei nº 8.666/1993 prevê a regulamentação do sistema de registro de preços por meio de decreto a ser editado no âmbito de cada ente federativo,[127] sendo que, no âmbito federal, é o Decreto nº 3.931, de 19 de setembro de 2001, alterado pelo Decreto nº 4.342, de 23 de agosto de 2002, que regulamenta a matéria, inovando principalmente em dois pontos a possibilidade de registro de preços também para serviços e a possibilidade de adoção da modalidade pregão (para bens e serviços comuns).

A lei determina que será dada publicidade, mensalmente, em órgão de divulgação oficial ou em quadro de avisos de amplo acesso público, à relação de todas as compras feitas. A opção é salutar, pois, não obstante evitar a onerosa publicação de con-

---

[127] Para Justen Filho (2005:153), o art. 15 poderia ser aplicado independentemente de regulamentação. Sustenta este autor que o dispositivo é "autoaplicável" e que a regulamentação somente será necessária para permitir a aplicação de alguns pontos específicos, como o registro de pluralidades de produtos e fornecedores, já que não está previsto na Lei nº 8.666/1993.

tratos de pequeno valor, admitindo-se, ainda, a aglutinação das publicações, evita a sua duplicidade, eis que o art. 61, em seu parágrafo único, a impõe como condição de eficácia dos contratos. Daí porque o dever de eficiência financeira dos administradores públicos impõe que se regulamente a publicidade periódica em quadro de avisos para que somente seja utilizada a imprensa oficial nas hipóteses que envolvam contratos de maior valor.

Há, ainda, alguns bens que possuem regras específicas para sua aquisição, como os bens de informática.[128]

A Lei nº 8.666/1993 exige que seja feito parcelamento sempre que o objeto da contratação tiver natureza indivisível e desde que não haja prejuízo para o conjunto a ser licitado.

A relevância do parcelamento consiste no fato de possibilitar a participação de empresas de menor porte nas licitações, ampliando a competitividade. Assim, com a utilização do parcelamento, pequenas e médias empresas podem preencher os requisitos de disputa para fornecimento de menores dimensões, se houver vantagem efetiva para a administração, preservada a economia de escala.

As diferentes parcelas poderão ser objeto de licitações distintas, ou de apenas uma, quando, então, a licitação terá seu objeto dividido em itens (licitação por itens).

O TCU já decidiu que tanto nas licitações para contratação de obras, serviços e compras quanto nas alienações, se o objeto for de natureza divisível, sem prejuízo do conjunto ou complexo, é obrigatório que a adjudicação se dê por itens, e não pelo preço global.[129]

---

[128] Sobre as licitações que envolvem bens e serviços de informática, conferir Souto, (2004a:67-80).
[129] Nos termos da Decisão nº 393/1994 do TCU (Plenário): "Nas licitações para contratação de obras, serviços e compras, e nas alienações, quando o objeto for de natureza divisível, sem prejuízo do conjunto ou complexo, é obrigatório que a adjudicação seja por itens e não pelo preço global, com vistas a propiciar a ampla participação

Frise-se que sempre deve ser preservada a modalidade pertinente para execução de todo o objeto da contratação. Assim, realizando-se um ou mais processos de licitação, devem ser somados os valores de todos os itens para definição da modalidade licitatória adequada.

Para ampliar a competitividade na compra de bens de natureza indivisível, desde que não haja prejuízo para o conjunto ou o complexo, é permitida a cotação de quantidade inferior à demandada na licitação.

Alienações

As alienações, entendidas como as disposições voluntárias, totais ou parciais de direitos, estão sujeitas, além das regras gerais, como a autorização legislativa para a alienação de imóveis, às regras específicas previstas no art. 17 da Lei nº 8.666/1993 e nas demais legislações próprias de cada ente federativo.

Assim, é necessária a motivação do ato de alienação, já que é subordinada à existência de interesse público devidamente justificado.

As alienações de imóveis devem ser precedidas também da avaliação do bem, elaborando-se o respectivo laudo, no qual devem estar descritos o imóvel e as demais condições que o valorizem ou acarretem sua desvalorização em relação à média dos que lhe forem semelhantes.

Em se tratando de alienação de imóveis, a licitação será, via de regra, por concorrência pública.

---

dos licitantes que, embora não dispondo de capacidade para execução, fornecimento ou aquisição da totalidade do objeto, possam, contudo, fazê-lo com referência a itens ou unidades autônomas, devendo as exigências de habilitação adequarem-se a essa indivisibilidade".

Conforme ressalva Souto (2004a:32), nem toda alienação de imóvel vai se submeter à concorrência. Nos casos, por exemplo, de programas habitacionais de venda de lotes ou casas populares, devem ser obedecidos os princípios licitatórios, mas não o procedimento formal de concorrência. A hipótese poderá até admitir contratação direta.

A licitação também poderá ser dispensada quando o destinatário do bem a ser alienado ou concedido é certo (não havendo possibilidade de competição) ou é órgão ou entidade da administração pública, como ocorre nos casos de dação em pagamento, doação, permuta ou investidura.

No plano federal, a doação e a cessão de direito real de uso de imóveis, sem encargo, só são admitidas para outro órgão ou entidade da administração, sempre com a devida justificação do ato e autorização legislativa, que vincula o adquirente. Em se tratando de doação com encargo, impõe-se a licitação, que pode ser dispensada em caso de interesse público, o que fica dentro da esfera de discricionariedade do administrador.

Ainda na seara da alienação dos bens públicos, é importante atentar para as alterações introduzidas na redação do art. 17 da Lei nº 8.666/1993 pela Lei Federal nº 11.481/2007, que dispõe sobre a regularização fundiária de interesse social em imóveis da União,[130] e as introduzidas pela Lei nº 11.952/2009,

---

[130] Tal diploma legal alterou a redação das alíneas "b", "f" e "h" do inciso I do art. 17, que trata das hipóteses em que a licitação seria dispensada para a alienação de imóveis. Todas estas alterações têm o claro cunho de facilitar a regularização da situação fundiária, indo além das disposições anteriores, introduzindo as seguintes alterações principais:
- dispensa por aforamento dos imóveis;
- aclaramento quanto à possibilidade de dispensa por alienação, podendo ela ser gratuita ou onerosa;
- extensão da aplicação da dispensa aos programas de regularização fundiária, além dos programas habitacionais; e
- a possibilidade de dispensar a licitação também nos casos de imóveis comerciais.

que dispõe sobre a regularização fundiária das ocupações incidentes em terras situadas em áreas da União, no âmbito da Amazônia Legal.

Requisição do objeto

Identificada a necessidade administrativa, tem início a fase interna da licitação (ou de sua dispensa) com a requisição do bem ou serviço, a cargo dos departamentos de administração das diversas unidades orçamentárias.

É necessária, desde logo, a devida caracterização do bem ou serviço desejado pela administração, o que não pode ser confundido com individualização ou singularização, posto que afastariam da competição todos os demais bens ou serviços do mesmo gênero.

Com efeito, segundo orientações do TCU,[131] a indicação de marca como parâmetro de qualidade somente pode ser admitida para facilitar a descrição do objeto a ser licitado, desde que seguida das expressões "ou equivalentes", "ou similar" e "ou de melhor qualidade".

O art. 7º, §5º, da Lei nº 8.666/1993 proíbe, expressamente, a realização de licitação cujo objeto inclua bens e serviços sem similaridade, bem como de marcas, características e especificações exclusivas, salvo nos casos em que for tecnicamente justificável ou, ainda, quando o fornecimento de tais materiais e serviços for feito sob o regime de administração contratada, previsto e discriminado no ato convocatório.

Com a requisição do material deve vir, quando cabível, o cronograma físico-financeiro do futuro contrato, que concilia a necessidade do objeto, as datas de sua obtenção e os pagamentos a cargo da administração.

---

[131] Tribunal de Contas da União (2004:3588).

Segundo Souto (2004a:32):

> Esta etapa é conhecida como "modelagem" do contrato, definindo-se não só a qualidade do objeto como a forma e prazo de sua entrega; afinal, tanto podem ser feitas várias licitações para fornecimentos ao longo de um exercício como uma única, com parcelamento da entrega do objeto, conciliando-se as possibilidades de pagamento, durabilidade do bem e estocagem com as necessidades de utilização. Define-se, assim, o montante da contratação para, partindo daí, estabelecer-se a modalidade. Ainda que se faça a opção por realizar várias licitações, cada uma delas realizar-se-á pela modalidade que regeria o todo.
> Se, no entanto, a Administração não tem condições de estimar se vai ou não utilizar o bem licitado, o ideal será não licitar um contrato de fornecimento e sim o registro de preços, selecionando-se um fornecedor para a eventual necessidade. A vantagem é não fazer licitação cada vez que ocorrer a necessidade difícil de prever ou estimar; a desvantagem é não aproveitar os ganhos da economia de escala, garantindo o negócio ao fornecedor, que pode fazer preço de atacado e não de varejo (como no registro de preços); só o caso concreto ditará a melhor opção para o atendimento da economicidade.

A requisição deverá deixar claro, desde o início, se o bem ou serviço é "comum", para o fim de adoção da modalidade pregão, qualquer que seja o valor do contrato.

Previamente à realização de pregão, seja na forma presencial ou eletrônica, a exemplo de projeto básico, o setor requisitante deve elaborar o *termo de referência*,[132] com indicação precisa,

---

[132] O termo de referência, devidamente autorizado pela autoridade competente, é o documento que deve conter todos os elementos capazes de propiciar, de forma clara, concisa e objetiva, em especial: o objeto; o critério de aceitação do objeto; a avaliação

suficiente e clara do objeto, sendo vedadas especificações que, por excessivas, irrelevantes ou desnecessárias, limitem ou frustrem a competição ou sua realização.

Nos casos de obras e serviços, a descrição detalhada do objeto deverá ser feita por meio do projeto básico e, quando for o caso, do projeto executivo. Nas parcerias público-privadas, por meio de estudo técnico.

Diga-se também que é vedado incluir no objeto da licitação a obtenção de recursos financeiros para sua execução, qualquer que seja a sua origem, exceto nos casos de empreendimentos executados e explorados sob o regime de concessão, nos termos da legislação específica (art. 7º, §3º, da Lei nº 8.666/1993).

Também é vedada a inclusão, no objeto da licitação, de fornecimento de materiais e serviços sem previsão de quantidades ou cujos quantitativos não correspondam às previsões reais do projeto básico ou executivo (art. 7º, §4º, da Lei nº 8.666/1993).

Estimativa de preços

O passo seguinte na requisição do objeto é proceder à pesquisa de mercado, que deve ser realizada entre, pelo menos, três pessoas do ramo pertinente ao objeto, calculando-se a média dos valores encontrados para se obter a previsão do custo, com referência ao mês-base (de modo a se permitir os cálculos de atualização do valor).

---

do custo pela administração diante de orçamento detalhado; a definição dos métodos; a estratégia de suprimento; o valor estimado em planilhas de acordo com o preço de mercado; o cronograma físico-financeiro, se for o caso; os deveres do contratado e do contratante; os procedimentos de fiscalização e gerenciamento do contrato; o prazo de execução e de garantia, se for o caso; as sanções por inadimplemento. Segundo recomendou o TCU, no Acórdão nº 2947/2004 (Primeira Câmara): "Na fase preparatória dos pregões, atente-se para a útil elaboração do termo de referência, de que trata o art. 8º do Decreto 3.555/2000, de modo que o documento expresse a adequação do objeto licitado aos preços praticados no mercado".

O processo administrativo busca a verdade real e, em respeito a este princípio, deve-se aferir de diversas maneiras a adequação dos preços ao mercado. O descuido nessa etapa pode permitir a ocorrência de superfaturamentos. Entretanto, a adequada instrução do feito permitirá, até mesmo, a repressão ao abuso de poder econômico, caracterizado pela elevação artificial dos preços e pela formação de cartéis, principalmente.

Assim, embora não seja indispensável, é recomendável que do processo constem prospectos, anúncios de jornal ou outros meios que demonstrem os preços praticados pelo mercado. No entanto, basta a simples anotação da média de preços, com a informação da origem dos valores. O que importa é a boa-fé do agente pesquisador, que atestará a veracidade dos valores anotados (frisando-se que seu ato terá presunção de legalidade, legitimidade e veracidade, como pressupostos para a prática dos atos subsequentes).

A partir dos custos estimados, poder-se-á saber qual a modalidade a ser adotada, se deverá haver exigência de garantia adicional ou a desclassificação de propostas que dela destoem etc.

Observe-se que a pesquisa de mercado e a estimativa de preços são fundamentais para a validade da licitação na modalidade escolhida, salvo quanto aos bens e serviços "comuns", que se submetem ao pregão.

Nos casos de obras ou serviços, a previsão dos custos será feita quando do projeto básico ou, até mesmo, do projeto executivo, quando for o caso, valendo lembrar que o orçamento deverá ser elaborado em planilhas de quantitativos e preços unitários.

Nos contratos de concessão ou de privatização, esta etapa é definida na "modelagem", normalmente feita por consultores contratados para fixar o valor mínimo do negócio, após pesquisa e oitiva do mercado e definição do formato de desestatização.

Para a escolha da modalidade, mantém-se a diferença de valor entre "obras e serviços de engenharia" e "outros itens", adotando-se, em todos os casos, convite para os valores menores, tomada de preço para valores intermediários e concorrência para os de maior vulto. Tais critérios de valores condicionantes da modalidade estão fixados no art. 23 da Lei nº 8.666/1993.

A regra é que o valor do contrato não possa ser alterado, no futuro, se ultrapassar o teto da modalidade licitada. Entretanto, tal hipótese há que ser analisada à luz da previsibilidade da situação, pois a imoralidade não pode ser presumida.

Frise-se, também, que a Lei nº 8.666/1993, em seu art. 23, §5º, veda o *fracionamento de despesa*. O fracionamento se caracteriza quando se divide a despesa para utilizar modalidade de licitação inferior à recomendada pela legislação para o total da despesa, ou para efetuar contratação direta.

Se a administração optar por realizar várias licitações ao longo do exercício financeiro para um mesmo objeto ou finalidade, deverá preservar sempre a modalidade de licitação pertinente ao valor do todo que deveria ser contratado.

Imagine-se, por exemplo, que a administração, ciente de que precisará renovar sua frota de carros, resolva, de início, licitar a aquisição de apenas 10 veículos. Mais adiante, faz-se necessário adquirir mais 10 veículos, no mesmo exercício. Supondo que o valor estimado para 10 veículos demandaria a realização de tomada de preços, mas que o valor para 20 requereria a modalidade concorrência, haverá o fracionando da despesa total se forem feitas duas licitações na modalidade tomada de preços.

O fracionamento ocorre, em geral, pela ausência de planejamento do quanto vai ser efetivamente gasto no exercício para a execução de determinada obra, ou contratação de determinado serviço ou, ainda, a compra de determinado produto.

Conforme já decidiu o TCU, a realização de vários procedimentos em um exercício não caracteriza, por si só, o fracionamento indevido da despesa, o qual somente ocorre quando não se preserva a modalidade pertinente para o total de aquisições do exercício (§2º do art. 23 da Lei nº 8.666/1993).[133]

Previsão orçamentária

Com base nos custos previstos, deve-se prever também a existência dos correspondentes recursos orçamentários necessários para arcar com a despesa pretendida.[134]

Em decorrência de princípio constitucional, todas as despesas deverão estar previstas no orçamento (art. 167, I e II, da CF/88), somente podendo ser assumidos compromissos e deveres fundamentados na existência de receita prevista.

Não obstante, a exigência tem previsão expressa na Lei nº 8.666/1993, a saber: art. 7º, §2º, III (para obras e serviços), e art. 14 (para compras).

Há exceções à regra, como é o caso de licitação de concessão de serviço público quando a administração não assumir a

---

[133] Acórdão nº 82/2005. Plenário. Tribunal de Contas da União.
[134] Souto (2004a:38-39) explica que "a verificação de recursos compete, via de regra, aos órgãos fazendários e de controle, a quem deve ser remetido o processo; em caso afirmativo será reservada (e não bloqueada) a verba, e, após autorizada, realizada e homologada a licitação, retorna o processo àquele órgão, para fins de empenho. [...] O Estatuto só admite a abertura de licitação ante a existência de previsão orçamentária, enquanto a duração do contrato ficará adstrita à vigência do respectivo crédito, salvo os de previsão plurianual (caso de bens de capital, por exemplo) e os de trato sucessivo — vide CF, art. 165, §1º. Cabe, ainda, observar o disposto nos arts. 15 a 17 da Lei Complementar nº 101/2001 — Lei de Responsabilidade Fiscal, que exige, em alguns casos, declaração do ordenador de despesas quanto à adequação e compatibilidade de despesas com o orçamento e plano de metas. Posteriormente, essa despesa passará por um segundo momento, que será a liquidação, em que se verificará o direito do credor mediante exame do contrato (ou instrumento que o valha), da nota de empenho e do comprovante de cumprimento das obrigações contratuais (entrega do material, execução da obra, prestação do serviço etc.), e fiscais do credor (relativas ao objeto do contrato); finalmente, dar-se-á a ordem de pagamento mediante despacho da autoridade competente. É em razão dessa fase de liquidação que são, em regra, vedados os adiantamentos (Lei nº 4.320/1964, art. 63, §2º, III). Ocorre que a regra deve comportar exceções, especialmente nos contratos internacionais".

obrigação financeira de custeio da atividade, não sendo, assim, necessária a previsão de recursos orçamentários.

Também poderá ser dispensada a exigência se houver previsão de recursos específicos, como ocorre nos casos de atividades custeadas por meio de taxas.

Se a obra ou serviço ultrapassar os limites do exercício, será necessário verificar os planos plurianuais.

A previsão de recursos orçamentários não se confunde com a efetiva disponibilidade, pelas próprias características do orçamento (que é baseado na previsão de receitas). Entretanto, a Lei de Responsabilidade Fiscal (Lei Complementar nº 101/2000), visando evitar os constantes abusos cometidos, passou a exigir, além da previsão, a adequação orçamentária e financeira, conforme explicadas a seguir.

Requisitos da Lei de Responsabilidade Fiscal (LRF)

Certo é que a validade da futura contratação e a instauração da licitação dependem não apenas das exigências contidas na Lei nº 8.666/1993, mas também das disposições da LRF.

Aponta-se, desde logo, que a administração, quando da realização de eventual contratação, deverá atentar especialmente para as disposições contidas nos arts. 15, 16, 17 e 42.

Por força do art. 15 da LRF, "serão consideradas não autorizadas, irregulares e lesivas ao patrimônio público a geração de despesa ou assunção de obrigação que não atendam o disposto nos arts. 16 e 17".

Entretanto, o dispositivo não determina a nulidade absoluta e automática das contratações realizadas como infração aos referidos dispositivos, de forma que a ausência de prejuízo efetivo afasta o defeito derivado da infração aos dispositivos referidos.

O art. 16 trata da criação, expansão ou aperfeiçoamento de ação governamental que acarrete aumento da despesa.[135] Segundo Justen Filho (2005:108),

> é imperiosa a observância das exigências do art. 16, que são condições não apenas para empenho, mas também para licitação (§4º). Isso significa que a criação de qualquer despesa deve ser acompanhada da estimativa do impacto orçamentário-financeiro no exercício em que vigorará (e, se for o caso, nos dois subsequentes) tal como a declaração do ordenador da despesa de que a obrigação compatibiliza-se orçamentária e financeiramente com a legislação orçamentária.

A adequação orçamentária está prevista no art. 16, §1º, I, que estabelece que será considerada adequada

> a despesa objeto de dotação específica e suficiente, ou que esteja abrangida por crédito genérico, de forma que somadas todas as despesas da mesma espécie, realizadas e a realizar, previstas no programa de trabalho, não sejam ultrapassados os limites estabelecidos para o exercício.

Por sua vez, a adequação financeira, além da previsão e adequação orçamentária, exige que se verifiquem os recursos efetivamente disponíveis no momento da abertura da licitação e da consideração às receitas e despesas futuras, e não apenas sob o ponto de vista das projeções realizadas por ocasião da elaboração do orçamento.

Assim, é necessário que se acompanhe a realização da receita, recorrendo-se aos dados concretos acerca da execução do

---

[135] Para uma análise aprofundada do impacto do dispositivo nas contratações públicas, confira-se Garcia (2009: 55-65).

orçamento. Tal exigência encontra fundamento no art. 9º da Lei Complementar nº 101/2000, que estabelece que,

> se verificado, ao final de um bimestre, que a realização da receita poderá não comportar o cumprimento das metas de resultado primário ou nominal estabelecidas no Anexo de Metas Fiscais, os Poderes e o Ministério Público promoverão, por ato próprio e nos montantes necessários, nos trinta dias subsequentes, limitação de empenho e movimentação financeira, segundo os critérios fixados pela lei de diretrizes orçamentárias.

Nesse sentido, o ordenador da despesa tem o dever de manifestar-se, indicando se a realização das despesas e o ritmo das receitas permitem estimar a existência de recursos suficientes para propiciar a liquidação oportuna das despesas derivadas da contratação.

Por óbvio, as considerações anteriores não se aplicam à hipótese de licitação que tenha por objeto a seleção de propostas para registro de preços.

A ausência da declaração exigida no art. 16 da LRF pode ensejar a responsabilização do agente que omitiu as providências adequadas. Quanto à validade da licitação e contratação realizada sem a referida declaração, eventual invalidação deverá observar o princípio da proporcionalidade e a efetiva ocorrência de lesão aos interesses coletivos.

Registre-se ainda que, por força do §1º do art. 167 da CF/88, os investimentos que ultrapassarem um exercício financeiro só poderão ser iniciados após sua inclusão no plano plurianual, sob pena de crime de responsabilidade.

Por fim, aduza-se à disposição do art. 42, que veda aos chefes de poder e demais órgãos referidos no art. 20 da mesma lei,

> nos últimos dois quadrimestres do seu mandato, contrair obrigação de despesa que não possa ser cumprida integralmente

dentro dele, ou que tenha parcelas a serem pagas no exercício seguinte sem que haja suficiente disponibilidade de caixa para este efeito.

Para Justen Filho (2005:12), tal restrição deve ser submetida a uma interpretação sistemática, não havendo conduta abusiva do governante que inicia, mesmo que nos últimos dias de seu mandato, um projeto previsto em lei e incluído no plano plurianual.

Elaboração do edital

Na clássica lição de Meirelles (2006:130), o "edital é um instrumento através do qual a administração leva ao conhecimento público a abertura da concorrência ou da tomada de preços, fixa as condições de sua realização e convoca os interessados". Às suas regras ficam inteiramente vinculados a administração e os licitantes (o que não significa que, por ser a "lei interna" da licitação, não devam ser observadas em suas cláusulas as demais leis e princípios que regem a matéria). Entretanto, "nada se pode exigir ou decidir além ou aquém do edital".

O edital e seus anexos (projetos, plantas, desenhos, especificações técnicas, planilhas, organogramas etc.) representam a vontade da administração e orientam os interessados no preparo das propostas.

O princípio da vinculação ao instrumento convocatório (positivado no art. 41 da Lei nº 8.666/1993) impede que suas disposições sejam alteradas em pontos essenciais no curso do prazo estabelecido. Não significa que o edital seja imutável, mas que, caso haja necessidade de alteração em algum ponto que interfira na participação e na proposta dos licitantes, deverá ser dada publicidade do novo texto, reabrindo-se o prazo, nas mesmas condições do texto anterior.[136]

As cláusulas do edital indicarão os requisitos para habilitação, os documentos a serem apresentados, a forma e as bases das propostas, o critério de julgamento e os fatores a considerar na avaliação das propostas, além das condições do futuro contrato a ser firmado com o vencedor do certame.

Poderá ser considerado nulo o edital se for omisso ou errôneo em pontos essenciais ou se contiver condições discriminatórias ou preferenciais que afastem determinados interessados e favoreçam outros.

É obrigatória a divulgação do edital pela imprensa oficial, nos casos de concorrência, tomada de preços, concurso e leilão. O edital pode ser divulgado tanto na íntegra como resumido, em aviso ou comunicações sobre a licitação, indicando-se, neste caso, o local e horário em que podem ser obtidos o texto completo e demais elementos esclarecedores do certame.

Salvo no caso das obras financiadas com recursos federais, em que a divulgação será obrigatoriamente feita através do *Diário Oficial da União*, a divulgação deverá ser feita no diário do ente a que pertença o órgão ou a entidade promotora da licitação.

Ainda segundo Meirelles (2006:133-137), todo o edital deverá conter 10 elementos, que o autor chama de "decálogo de todo edital". São eles:

- as condições para participação (habilitação);
- o objeto da licitação;

---

[136] Confira-se a seguinte decisão do TCU, no Acórdão nº 799/2005 (Segunda Câmara): "Cumpra rigorosamente as normas e condições do edital, na forma do art. 41 da Lei nº 8.666/1993, respeitando o princípio da publicidade estabelecido no art. 37 da Constituição Federal sempre que a alteração que se fizer necessária no edital puder vir a afetar a formulação das propostas, hipótese em que deverá reabrir o prazo inicialmente fixado, divulgando a modificação pelos mesmos meios que se deu a divulgação do texto original, haja vista o que dispõe o art. 21, §4º, da referida Lei".

- os prazos e as condições para assinatura do contrato (ou retirada do documento equivalente), para a execução e para a entrega do objeto;
- as garantias exigidas;
- as condições de pagamento e de reajustamento de preços;
- o recebimento do objeto da licitação;
- os critérios de julgamento das propostas e os fatores que serão considerados na sua avaliação (como qualidade, rendimento, garantia etc.) para garantir o respeito ao princípio do julgamento objetivo;
- os recursos admissíveis;
- as informações sobre a licitação (p. ex., hora e local em que os licitantes possam obter mais detalhes e esclarecimentos, como o exame do projeto executivo, se houver);
- outras indicações específicas ou peculiares.

A carta-convite é uma forma simplificada de edital sujeita às mesmas regras, guardadas as devidas proporções. O essencial é que ela identifique a obra, o serviço ou a compra a realizar e expresse com clareza as condições estabelecidas pela administração.

Os documentos exigidos podem ser substituídos pelo certificado de registro cadastral, conforme previsto nos arts. 34 e seguintes da Lei de Licitações.

O importante, para que se garanta a finalidade da licitação e a regularidade do procedimento, é que as regras do edital não acarretem discriminações injustificadas no interesse público, cerceando a concorrência.

Confira-se, também, o teor da Súmula nº 177 do TCU:

> A definição precisa e suficiente do objeto licitado constitui regra indispensável da competição, até mesmo como pressuposto do postulado de igualdade entre os licitantes, do qual é subsidiário o princípio da publicidade, que envolve o conhecimento, pelos

concorrentes potenciais das condições básicas da licitação, constituindo, na hipótese particular da licitação para compra, a quantidade demandada uma das especificações mínimas e essenciais à definição do objeto do pregão.[137]

Para a retirada do edital apenas podem ser exigidos os valores referentes ao seu custo de reprodução gráfica, como estipulado no art. 32, §5º, da Lei de Licitações. As demais exigências relativas ao edital encontram-se nos incisos do art. 40 da Lei nº 8.666/1993, os quais deverão ser observados na elaboração do instrumento convocatório.

Constituem anexos do edital, dele fazendo parte integrante, o projeto básico e/ou executivo, com todas as suas partes, desenhos, especificações e outros complementos; o orçamento estimado em planilhas de quantitativos e preços unitários; a minuta do contrato a ser firmado entre a administração e o licitante vencedor; as especificações complementares e as normas de execução pertinentes à licitação.

Exame jurídico

O art. 38 da Lei de Licitações, em seu parágrafo único, estabelece que as minutas de editais de licitação, bem como as dos contratos, acordos, convênios ou ajustes, devem ser previamente examinadas e aprovadas por assessoria jurídica da administração.

Segundo Souto (2004a:41), o "termo 'assessoria jurídica' significa, em última análise, os órgãos jurídicos competentes, definidos de acordo com cada estado federado".

A questão que aqui se coloca é saber qual a responsabilidade do assessor jurídico.

---

[137] Disponível em: <http://portal2.tcu.gov.br/portal/page/portal/TCU/jurisprudencia/sumulas/BTCU_ESPECIAL_06_DE_04_12_2007_SUMULAS.pdf>. Acesso em: 13 jul. 2009.

De um lado, Justen Filho (2010:526) sustenta que "ao examinar e aprovar os atos da licitação, a assessoria jurídica assume responsabilidade pessoal e solidária pelo que foi praticado". Prossegue afirmando que "a manifestação acerca da validade do edital e dos instrumentos de contratação associa o emitente do parecer ao autor dos atos. Há dever de ofício de manifestar-se pela invalidade, quando os atos contenham defeitos". Esclarece que, se há defeito jurídico ou discordância doutrinária ou jurisprudencial sobre determinado ponto, o assessor jurídico tem o dever de apontá-lo, sob pena de responsabilidade.

Por sua vez, Souto (2004a:39-43) entende que, por ser o parecer um ato praticado pelo assessor jurídico, não havendo ato decisório de natureza executiva, mas mero opinamento, não poderá ele ser responsabilizado, pois os contratos que vierem a ser reputados lesivos dependem de ato cuja autorização cabe aos autorizadores de despesas.[138] Afirma, assim, que só poderá haver responsabilização de um advogado por procedimento com dolo ou culpa (art. 32 da Lei nº 8.906/1994, que dispõe sobre o exercício da profissão de advogado). De acordo com o autor, não há legitimidade passiva dos procuradores e assessores jurídicos, já que o exercício profissional envolve liberdade constitucionalmente assegurada (CF/88, art. 5º, LIII) e expressamente reconhecida como direito do advogado no art. 7º, I, da Lei nº 8.906/1994, além do fato de que, a exemplo do que dispõe o art. 6º da Lei nº 4.717/1965, a ação será proposta contra quem, em relação ao ato, o tiver autorizado, aprovado, ratificado, praticado ou se omitido. Esclarece, por fim, que o que se cobra do assessor jurídico é um "pronunciamento tecnicamente bem-apresentado e fundamentado, pois é com base nele que a autoridade vai

---

[138] A aprovação e a ratificação da dispensa ou a inexigibilidade de licitação cabem às autoridades indicadas em lei e nos atos de partilha de competência interna de cada órgão ou entidade. São atos decisórios. O mesmo se diga quanto à prática do ato, isto é, a assinatura do contrato.

decidir e, em assim agindo, "tem o direito de ver afastada sua responsabilidade" (Souto. 2004a:43).

No mesmo sentido, Di Pietro (apud Souto, 2004a:41) entende que a responsabilização só poderá ocorrer em casos de má-fé, dolo, culpa grave, erro grosseiro por parte do advogado.

O TCU já se posicionou sobre o assunto no Acórdão nº 19/2002 (Plenário), consignando que

> não aproveita ao recorrente o fato de haver parecer jurídico e técnico favorável à contratação. Tais pareceres não são vinculantes ao gestor, o que não significa ausência de responsabilidade daqueles que os firmam.

O STF também se debruçou recentemente sobre a questão, ocasião em que fixou que tal pronunciamento, exigido pelo art. 38 da Lei nº 8.666/1993, pode ensejar a responsabilização solidária do autor do parecer com as autoridades que celebraram os contratos lesivos à administração.[139]

---

[139] A respeito, confira-se a decisão do STF no Mandado de Segurança nº 24.584, quando, por maioria, acompanhando o voto do ministro relator Marco Aurélio, decidiu-se pelo seu indeferimento. O pedido foi feito por procuradores federais contra ato do Tribunal de Contas da União (TCU), que iniciou investigação para fiscalizar atos administrativos que tiveram pareceres jurídicos favoráveis. No mesmo sentido, conferir também a decisão do STF no Mandado de Segurança nº 24.631, impetrado contra ato do Tribunal de Contas da União (TCU) que, aprovando auditoria realizada com o objetivo de verificar a atuação do Departamento Nacional de Estradas de Rodagem (DNER) nos processos relativos a desapropriações e acordos extrajudiciais para pagamento de precatórios e ações em andamento, incluíra o impetrante, então procurador autárquico, entre os responsáveis pelas irregularidades encontradas, determinando sua audiência para que apresentasse razões de justificativa para o pagamento de acordo extrajudicial ocorrido em processos administrativos nos quais já havia precatório emitido, sem homologação pela Justiça. Registrou-se, inicialmente, que a obrigatoriedade ou não da consulta tem influência decisiva na fixação da natureza do parecer e fez-se a distinção entre três hipóteses de consulta: (1) a facultativa, na qual a autoridade administrativa não se vincularia à consulta emitida; (2) a obrigatória, na qual a autoridade administrativa ficaria obrigada a realizar o ato tal como submetido à consultoria, com parecer favorável ou não, podendo agir de forma diversa após emissão de novo parecer; e (3) a vinculante, na qual a lei estabeleceria a obrigação de "decidir à luz de parecer vinculante", não podendo o administrador decidir senão nos termos da conclusão do parecer ou, então, não decidir. Ressaltou-se que, nesta última hipótese, haveria efetivo compartilhamento

Com relação à existência de minutas-padrão de editais e/ou contratos, há entendimento no sentido de sua utilização não afastar a responsabilidade normativa da assessoria jurídica, embora caiba ao gestor a responsabilidade pela verificação da conformidade entre a licitação que pretende realizar e a minuta-padrão previamente examinada e aprovada pelo órgão jurídico. Assim, se houver dúvida acerca da perfeita identidade, deve-se requerer a manifestação da assessoria jurídica, em vista das peculiaridades de cada caso concreto.[140]

Questões de automonitoramento

1. Após ler este capítulo, você é capaz de resumir os casos geradores do capítulo 6, identificando as partes envolvidas, os problemas atinentes e as soluções cabíveis?
2. Quais as principais peculiaridades que devem ser observadas nos procedimentos relativos a serviço, obras, compras e alienações?
3. Qual a diferença entre parcelamento do objeto e fracionamento da despesa?
4. Quais os requisitos da Lei de Responsabilidade Fiscal que devem ser observados pelo ordenador de despesas?
5. Pense e descreva, mentalmente, outras alternativas para a solução dos casos geradores do capítulo 6.

---

do poder administrativo de decisão, razão pela qual, em princípio, o parecerista poderia ter que responder conjuntamente com o administrador, pois seria também administrador nesse caso. Entendeu-se, entretanto, que, na espécie, a fiscalização do TCU estaria apontando irregularidades na celebração de acordo extrajudicial, questão que não fora submetida à apreciação do impetrante, não tendo havido, na decisão proferida pela corte de contas, nenhuma demonstração de culpa ou de seus indícios, e sim uma presunção de responsabilidade. Os ministros Carlos Britto e Marco Aurélio fizeram ressalva quanto ao fundamento de que o parecerista, na hipótese da consulta vinculante, pode vir a ser considerado administrador.

[140] Conforme o voto do ministro relator no Acórdão nº 1.504/2005 (Plenário), do Tribunal de Contas da União.

5

Fase externa da licitação

Roteiro de estudo

Procedimento

A fase externa da licitação tem início com a divulgação do ato convocatório, isto é, com a publicação do edital ou a exposição dos convites.

No entanto, vale lembrar que, em alguns casos, antes da publicação do edital deverá ser realizada audiência pública, quando o valor do objeto a ser licitado for superior a cem vezes o valor estipulado *para a concorrência de obras e serviços de engenharia*, conforme prevê o art. 39 da Lei nº 8.666/1993.[141]

---

[141] "Art. 39. Sempre que o valor estimado para uma licitação ou para um conjunto de licitações simultâneas ou sucessivas for superior a 100 (cem) vezes o limite previsto no art. 23, inciso I, alínea 'c' desta Lei, o processo licitatório será iniciado, obrigatoriamente, com uma audiência pública concedida pela autoridade responsável com antecedência mínima de 15 (quinze) dias úteis da data prevista para a publicação do edital e divulgada, com a antecedência mínima de 10 (dez) dias úteis de sua realização, pelos mesmos meios previstos para a publicidade da licitação, à qual terão acesso e direito a todas as informações pertinentes e a se manifestar todos os interessados."

A audiência pública visa dar maior transparência ao procedimento licitatório, pois possibilita que tanto aqueles interessados em participar do certame como o público em geral tenham acesso às informações a respeito dele.

Segundo Meirelles (1997:260), "a audiência deverá ser divulgada pelos mesmos meios previstos para a publicação do edital e realizada com antecedência mínima de quinze dias antes da publicação daquele (art. 39)".

De acordo com orientações básicas do Tribunal de Contas da União (2004:3602), a fase externa da licitação se constitui das seguintes etapas:

- publicação do resumo do ato convocatório;
- recebimento dos envelopes com documentação e com propostas;
- verificação da habilitação ou inabilitação das licitantes;
- fase recursal com efeito suspensivo até a decisão do recurso;
- abertura dos envelopes com classificação ou desclassificação das propostas;
- declaração do licitante vencedor;
- homologação/aprovação dos atos praticados no procedimento;
- adjudicação do objeto à licitante vencedora;
- assinatura do contrato.

É de se ressalvar, no entanto, que a abertura das propostas em licitação na modalidade pregão é realizada antes do exame da documentação, havendo uma única fase recursal, na qual os recursos são desprovidos de efeito suspensivo.

Publicação do edital

A publicação do edital é o ato pelo qual a administração pública divulga a terceiros a abertura do procedimento licitatório, fixando os requisitos essenciais exigidos dos proponentes e das propostas, consoante prevê o art. 40 da Lei nº 8.666/1993.[142]

Note-se que, de acordo com Meirelles (1997:261):

> O que a lei exige é a notícia da abertura da licitação, isto é, do aviso resumido do edital e não do seu texto completo, pois este os interessados obterão no local indicado na comunicação. Nada impede, entretanto, que a Administração, em face da importância da licitação, promova a publicação na íntegra e em maior número de vezes que o legalmente exigido.

No referido resumo, devem constar as informações necessárias, como data, local e hora, para que os interessados possam obter a íntegra do mesmo.

Nas palavras de Souto (2004a:163):

> A publicação deve ocorrer no *Diário Oficial* local ou órgão que exerça tal função; para as concorrências promovidas pela Administração Federal, exige-se a publicação pelo menos uma vez no *Diário Oficial da União*, sem prejuízo da publicação na imprensa oficial local, caso a licitação não ocorra no Distrito Federal.
> [...]
> Os Estados e Municípios farão essa divulgação, sob tal aspecto, como lhes parecer mais adequado, regulando a matéria em sua legislação sobre o assunto.[143]

---

[142] O art. 40 da Lei nº 8.666/1993 indica todos os requisitos obrigatórios do edital.
[143] No ofício nº 21/87, exarado no Processo nº E-12/7352/87, o procurador Eugenio Noronha Lopes, do estado do Rio de Janeiro, lecionou que a norma relativa à publicação de editais não é geral, mas específica para a administração federal. Cf. Souto (2004a:163).

[...]
Tratando-se de licitação financiada com recursos federais, contudo, deve haver publicação no *Diário Oficial da União*.

De acordo com o §2º do art. 21 da Lei nº 8.666/1993, depois de publicado o edital o prazo mínimo para exibição das propostas ou a realização do evento será de 45 dias para concurso, concorrência ou tomada de preços do tipo melhor técnica ou melhor técnica e preço, bem como para os casos em que o contrato a ser celebrado contemple o regime de "empreitada integral"; 30 dias para os demais casos de concorrência; 15 dias para leilões e demais casos de tomadas de preço não mencionados anteriormente; e cinco dias úteis para o convite.

O objetivo do prazo mínimo é permitir que os licitantes obtenham a documentação necessária e elaborem as suas propostas.

A administração poderá dilatar este prazo, que é mínimo e não máximo, se verificada a complexidade do objeto a ser licitado.

Uma vez publicado o edital, ficam a ele vinculados tanto a administração como os proponentes.

Assim leciona Souto (2004a:199-200):

> Sendo o edital a lei interna da licitação, no qual se expressa o desejo da Administração em relação aos proponentes, não se pode fugir aos termos e condições ali propostos; nada se pode exigir ou decidir além ou aquém do edital; ali estão fixadas as condições em que devem ser elaboradas as propostas, cabendo, portanto, julgá-las em estrita conformidade com tais condições.

No entanto, ressalva o referido autor (Souto, 2004a:165-166):

Uma vez publicado o edital, a ele se vincula a Administração em todos os seus termos, o que não impede, de forma alguma, uma imutabilidade do referido ato, nem, menos ainda, um direito adquirido ao edital — até porque o Eg. Supremo Tribunal Federal, no verbete nº 473 da sua Súmula, já consolidou entendimento de que a Administração pode rever seus próprios atos, anulando-os quando eivados de vício de legalidade ou revogando-os, quando contrariarem o interesse público.

Assim, havendo interesse público, poderá a administração pública alterar o edital. Todavia, ao alterá-lo, deverá ser dado novo prazo para que os interessados apresentem novas propostas, salvo quando a alteração não afetar a formulação das propostas, conforme prevê o art. 21, §4º, da Lei nº 8.666/1993.

Sobre o aspecto da publicação do aviso de licitação em *Diário Oficial*, é ainda de atual importância atentar-se para a discussão em torno do substitutivo do Projeto de Lei nº 7.709/2007, que tramita sob o nº 7.709-A/2007 e visa produzir alterações na Lei Federal nº 8.666/1993. Inicialmente, o PL nº 7.709/2007, por meio de inclusões e alterações no art. 21 da Lei nº 8.666/1993, acenava para a informatização dos procedimentos licitatórios, o que levaria à substituição da publicação em *Diário Oficial* por publicação em sítio oficial da administração pública na internet (proposta de inclusão do §6º no art. 21). Contudo, a redação do PL foi alterada por seu substitutivo, o PL nº 7.709-A/2007, no sentido de que a publicação nos sítios oficiais não teria o condão de fazer cessar a necessidade de publicação em *Diário Oficial*. A esse respeito, é de se conferir e acompanhar o trâmite das alterações que vêm sendo propostas ao art. 21 e parágrafos da Lei nº 8.666/1993, no referido projeto de lei substitutivo.

Pedido de esclarecimento

O pedido de esclarecimento, legalmente previsto no art. 40, VIII, da Lei nº 8.666/1993,[144] que se destina a destacar pontos que devem necessariamente constar do edital de licitação, deve ser interposto no período compreendido entre a publicação do edital e a abertura dos envelopes da habilitação.

É de se advertir de pronto: não se deve confundir o simples pedido de esclarecimento com a impugnação do edital.

Considerando-se o edital como o veículo para que a administração detalhe disposições legais e disponha particularidades da licitação em concreto, visando informar aos interessados os exatos termos em que se dará o certame, é ele o instrumento adequado para que a administração, de antemão, esclareça qual é a sua interpretação sobre temas controversos atinentes à licitação e como o certame se desdobrará.

Nesse ínterim, o pedido de esclarecimento se coloca como um instrumento que tem por finalidade obter, da administração, respostas a dúvidas decorrentes do edital, seja por obscuridade, por aparente conflito entre termos do próprio edital ou entre termos do edital e disposições legais ou constitucionais, ou mesmo pelas interpretações adotadas pela administração no que toca a temas abordados no edital.[145] Em suma: o pedido de esclarecimento busca

---

[144] "Art. 40. O edital conterá no preâmbulo o número de ordem em série anual, o nome da repartição interessada e de seu setor, a modalidade, o regime de execução e o tipo da licitação, a menção de que será regida por esta Lei, o local, dia e hora para recebimento da documentação e proposta, bem como para início da abertura dos envelopes, e indicará, obrigatoriamente, o seguinte:
[...]
VIII – locais, horários e códigos de acesso dos meios de comunicação à distância em que serão fornecidos elementos, *informações e esclarecimentos relativos à licitação e às condições para atendimento das obrigações necessárias ao cumprimento de seu objeto*;
[...]"(grifos nossos).

[145] As hipóteses realçadas não são exaustivas, ou seja, o pedido de esclarecimento não as tem como objeto restrito. Destacamos tais hipóteses apenas por se considerar serem as mais recorrentes na prática cotidiana do tema.

obter expressão de maior clareza e precisão das cláusulas editalícias e elucidar questionamentos que poderiam vir à tona em momento posterior, emperrando o procedimento licitatório.

Diante de um pedido de esclarecimento, a administração pública emitirá resposta que terá efeito vinculativo a todos os envolvidos, não sendo possível que um dos licitantes invoque o princípio da vinculação ao edital como forma de negar eficácia à resposta apresentada pela administração.

Nesse sentido já decidiu o Superior Tribunal de Justiça:[146] "A resposta de consulta a respeito de cláusula de edital de concorrência pública é vinculante, desde que a regra assim explicitada tenha sido comunicada a todos os interessados, ela adere ao edital".

É de se observar, ainda, que o pedido de esclarecimento não pode ser excessivamente limitado por imposição de datas, horários e instrumentos tecnológicos restritivos ao seu exercício (Justen Filho, 2009:525).

Além disso, a resposta a pedido de esclarecimento deve se dar em tempo hábil, ou seja, antes da data marcada para a realização do certame, consoante entendimento já disposto pelo TCU no Acórdão nº 531/2007 (Plenário), tendo como relator o ministro Ubiratan Aguiar:

> 4. Dúvidas relativas ao edital e seus anexos suscitadas por interessado, no prazo definido no edital, devem ser respondidas antes da data marcada para a realização do certame, garantido o tempo hábil para apresentação de proposta, de modo a não comprometer o princípio da isonomia e da transparência.

---

[146] REsp nº 198665/RJ. Relator: ministro Ari Pargendler. Segunda Turma. Data da publicação/fonte: *DJ* de 3-5-1999, p. 137.

O que não se pode é admitir que, por meio de respostas aos pedidos de esclarecimento, promovam-se alterações nas regras do edital.

Se, no entanto, a resposta do pedido de esclarecimento gerar inovação ao edital, caberá aos licitantes a faculdade de promover sua imediata impugnação.

Impugnação do edital

De previsão legal no art. 41 da Lei nº 8.666/1993,[147] a impugnação do edital é feita pelos licitantes quando este apresentar vício ou defeito. Deverá ser feita em petição autônoma destinada ao subscritor do edital antes da entrega das propostas.

Não impugnando administrativamente o edital, restará ao licitante recorrer judicialmente, por meio das ações pertinentes — mandado de segurança ou ação ordinária anulatória dos itens viciados ou de todo o edital (Meirelles, 2006:118).

Além dos licitantes, qualquer cidadão tem legitimidade para impugnar o edital, conforme a disciplina do art. 41, §1º, da Lei nº 8.666/1993.

---

[147] "Art. 41. A Administração não pode descumprir as normas e condições do edital, ao qual se acha estritamente vinculada.
§1º Qualquer cidadão é parte legítima para impugnar edital de licitação por irregularidade na aplicação desta Lei, devendo protocolar o pedido até 5 (cinco) dias úteis antes da data fixada para a abertura dos envelopes de habilitação, devendo a Administração julgar e responder à impugnação em até 3 (três) dias úteis, sem prejuízo da faculdade prevista no §1º do art. 113.
§2º Decairá do direito de impugnar os termos do edital de licitação perante a administração o licitante que não o fizer até o segundo dia útil que anteceder a abertura dos envelopes de habilitação em concorrência, a abertura dos envelopes com as propostas em convite, tomada de preços ou concurso, ou a realização de leilão, as falhas ou irregularidades que viciariam esse edital, hipótese em que tal comunicação não terá efeito de recurso. (Redação dada pela Lei nº 8.883, de 1994)
§3º A impugnação feita tempestivamente pelo licitante não o impedirá de participar do processo licitatório até o trânsito em julgado da decisão a ela pertinente.
§4º A inabilitação do licitante importa preclusão do seu direito de participar das fases subsequentes."

A impugnação do edital, quando feita por qualquer cidadão, deve ser apresentada no prazo de cinco dias úteis, anteriores à abertura dos envelopes; já no caso de se tratar de impugnação realizada por licitante interessado, o prazo para a impugnação ao edital é de dois dias úteis. Caso não sejam observados tais prazos, decairá o direito de realizar a impugnação.

Bandeira de Mello (apud Mukai, 1999:417) expõe que a qualquer tempo, qualquer cidadão (o que inclui o licitante) pode exercer o direito de petição aos poderes públicos

> em defesa de direitos ou contra ilegalidades ou abuso de poder (art. 5º, XXXIV, "a", Constituição Federal), e a Administração, diante de alguma invalidade do edital, não terá outra alternativa senão a de anular o certame.

Ademais, conforme dispõe o §3º do art. 41 da Lei nº 8.666/1993, o licitante que impugnou tempestivamente o edital não poderá ser proibido de participar do certame até que se profira "decisão final da Administração acerca da impugnação".[148]

É importante destacar que, após o julgamento das propostas, a possibilidade de impugnação do edital por licitante interessado não subsistirá.

É a lição de Meirelles (2006:265): "O que não se admite é a impugnação do edital pelo licitante que, tendo-o aceito sem objeção, vem, após o julgamento desfavorável, arguir sua invalidade (Lei nº 8.666/1993, art. 41)".

No mesmo sentido, Di Pietro (2002:332):

> A norma tem o evidente intuito de evitar que os licitantes deixem transcorrer o procedimento da licitação sem levantar ob-

---

[148] Maria Sylvia Zanella Di Pietro alerta para o fato de que, embora a lei fale em trânsito em julgado, parece, na realidade, referir-se à decisão final da própria administração, e não do Poder Judiciário (Di Pietro, 2002:332-333).

jeções ao edital, somente as arguindo, posteriormente, quando as decisões da Comissão lhes sejam desfavoráveis.

Destaque-se que, "após a entrega dos envelopes, independentemente da modalidade de licitação realizada, não caberá aos licitantes desistir de propostas oferecidas, salvo por motivo justo decorrente de fato superveniente, aceito pelos responsáveis pela licitação" (Tribunal de Contas da União, 2004:3604).

Nas palavras de Souto (2004a:169): "Assim, regularmente publicado o edital e não tendo sofrido impugnações, fica ele, juntamente com a legislação, fazendo parte integrante do contrato".

Justen Filho (2009:547), nesse contexto, interpõe interessante observação referente à impugnação realizada tardiamente, ou não realizada, e à permanência de vícios de ilegalidade:

> Porém a Lei não fornece solução quando o protesto tardio revelar a efetiva existência de ilegalidade. A regra deve ser interpretada segundo a Constituição, impondo-se a distinção entre direitos disponíveis e indisponíveis. O vício de ilegalidade não pode ser superado apenas porque o particular deixou de apontá-lo antes de ser derrotado. A licitação não se desenvolve para satisfação de interesse privados (disponíveis). A indisponibilidade dos interesses fundamentais perseguidos pelo Estado não é afetável pela ação ou omissão de particulares. O regime de direito público aplica-se sem ficar dependente a atuação dos particulares-licitantes. A ausência de questionamento ou de impugnação não elimina a nulidade. A Administração tem o dever de pronunciá-la, mesmo de ofício, tão logo tenha conhecimento de sua existência, conforme lição unânime e pacífica da doutrina e da jurisprudência. Deve-se admitir a possibilidade de convalidação apenas para vícios de anulabilidade. A omissão do interessado somente afeta os casos de anulabilidade, nos quais

estão envolvidos interesses privados e disponíveis dos licitantes. Nessa (e somente nessa) hipótese, a inexistência de impugnação convalida o ato e acarreta o desaparecimento do vício.

Comentando o art. 41, §2º, da Lei nº 8.666/1993, e baseado em decisão do STJ, cuja ementa é transcrita em seguida, Furtado (2007:226) adverte:[149]

> O art. 41, §2º, da Lei de Licitações fixa o prazo para que o licitante possa impugnar os termos do edital. Expirado o prazo ali previsto, decairá o participante da licitação do direito de impugná-lo.
> Isto significa dizer que quem participa da licitação não pode, por exemplo, esperar ser inabilitado ou desclassificado para, somente então, impugnar a regra contida no edital que levaria à sua exclusão do processo licitatório.
> ROms. Licitação. Princípio da vinculação ao instrumento convocatório. Desclassificação. Não observância do disposto no edital pela empresa recorrente. Decisão administrativa proferida sob o crivo da legalidade.
> I – O edital é elemento fundamental do procedimento licitatório. Ele é que fixa as condições de realização da licitação, determina o seu objeto, discrimina as garantias e os deveres de ambas as partes, regulando todo o certame público.
> II – Se o Recorrente, ciente das normas editalícias, não apresentou em época oportuna qualquer impugnação, ao deixar de atendê-las incorreu no risco e na possibilidade de sua desclassificação, como de fato aconteceu.
> III – Recurso desprovido.

---

[149] RMS nº 10.847/MA. Recurso Ordinário em Mandado de Segurança. Registro nº 1999/0038424-5. Relatora: ministra Laurita Vaz. Data da publicação/fonte: *DJ* de 18-2-2002, p. 279.

Questão que vem sendo objeto de controvérsia jurisprudencial diz respeito à preclusão, ou não, do direito de o licitante que não impugnou o edital administrativamente ingressar no Poder Judiciário para que a matéria seja examinada.

No sentido de que a preclusão administrativa constitui empecilho à análise da matéria em sede jurídica, STJ:

> Administrativo – Licitação do tipo menor preço – Impugnação do edital – Decadência – Compatibilidade com a exigência de preços unitários e com o valor global.
> 1. A partir da publicação do edital de licitação, nasce o direito de impugná-lo, direito que se esvai com a aceitação das regras do certame, consumando-se a decadência (divergência na Corte, com aceitação da tese da decadência pela 2ª Turma - ROms 10.847/MA).
> 2. A licitação da modalidade menor preço compatibiliza-se com a exigência de preços unitários em sintonia com o valor global – arts. 40, 44, 45 e 48 da Lei nº 8.666/1993.
> 3. Previsão legal de segurança para a Administração quanto à especificação dos preços unitários, que devem ser exequíveis com os valores de mercado, tendo como limite o valor global.
> 4. Recurso improvido.[150]
>
> Administrativo. Licitação. Edital. Ausência de indicação do índice de liquidez corrente. Impugnação. Prazo. Conhecimento, mediante consulta administrativa acerca da fórmula utilizada para cálculo do bom índice de liquidez corrente. Não infringência pelo recorrente do art. 31, §5º, da Lei nº 8.666/93. Provimento do especial.

---

[150] RMS nº 15051/RS. Segunda Turma. Relatora: ministra Eliana Calmon. Data da publicação/fonte: *DJ* de 18-11-2002, p. 166.

1. Cuidam os autos de ação declaratória de nulidade de ato administrativo ajuizada por Vigilância Pedrozo Ltda. contra o Banco do Estado do Rio Grande do Sul S/A — Banrisul, em face de ter sido considerada inabilitada na concorrência para prestação de serviços de vigilância. Em primeiro grau o pedido foi julgado improcedente por: a) decorrência do prazo decadencial de impugnação; b) superação da questão em face de extinção do processo licitatório por fatos supervenientes que se estenderam por mais de cinco anos; c) ainda com o deferimento da tutela antecipada, a habilitação da autora restou inócua, por a comunicação daquela decisão ter se dado após a abertura dos envelopes. Interposta apelação cujo provimento se deu por entender o acórdão ser possível a impugnação do edital a qualquer tempo e por achar inadmissível o registro de expressão vaga, como bom índice de liquidez corrente, deixando-se a definição aos componentes da Comissão, em escandalosa afronta ao princípio do julgamento objetivo. Exegese do art. 31, §5º, combinado com arts. 40, VII, 44 e 45, da Lei nº 8.666/1993". Opostos embargos de declaração objetivando pronunciamento sobre: a) a inabilitação da empresa em razão de não atendimento do índice que conhecia previamente à abertura dos envelopes de habilitação; b) a ausência de descumprimento ao art. 31, §5º, da Lei nº 8.666/1993 na medida em que o cálculo para determinar o índice estava contido no processo administrativo. Embargos rejeitados. Recurso especial interposto pelo Banrisul pela letra "a" sustentando ofensa aos arts. 31, §5º, e 41, §2º, da Lei nº 8.666/1993.

2. Recurso especial que se provê ao argumento de que, embora não possa ser afastado o direito legítimo de o licitante impugnar o edital se constatar que o mesmo encontra-se eivado de vício. Contudo não há que se esquecer que os prazos para impugnação do edital por parte do licitante não podem permanecer em aberto

ad eternum sob pena de se instalar a insegurança nas relações jurídicas geradas pelo ato convocatório. Ademais, a recorrida teve conhecimento dos índices eleitos pela Administração, participou do Certame e, apenas quando considerada inabilitada, recorreu ao Poder Judiciário pleiteando a sua reinclusão no certame como habilitada ou a declaração de nulidade do Edital e, consequentemente, da licitação.

3. Havendo a empresa tomado conhecimento prévio do índice mediante a resposta à consulta formulada, encontrando-se os cálculos de índices contábeis justificados no processo administrativo que deu início ao processo licitatório, entendo satisfeito o requisito do art. 31, §5º, da Lei nº 8.666/1993.

4. Recurso especial provido.[151]

No sentido de que a preclusão administrativa não impede a análise da matéria em sede judicial, STJ:[152]

> Direito administrativo. Licitação. Cláusula editalícia redigida sem a devida clareza. Interpretação pelo Judiciário, independentemente de impugnação pelos participantes. Possibilidade.
> No procedimento licitatório, as cláusulas editalícias hão de ser redigidas com a mais lídima clareza e precisão, de modo a evitar perplexidades e possibilitar a observância pelo universo de participantes.
> A caducidade do direito à impugnação (ou do pedido de esclarecimentos) de qualquer norma do Edital opera, apenas, perante a

---

[151] REsp nº 613.262/RS. Registro: 2003/0216504-2. Primeira Turma. Ministro relator: José Delgado. Data da publicação/fonte: *DJ* de 5-8-2004, p. 196. Relatório.

[152] MS nº 5.655/DF. Mandado de Segurança. Registro nº 1998/0009619-1. Primeira Seção. Relator: ministro Demócrito Reinaldo. Data de publicação/fonte: *DJ* de 31-8-1998, p. 4.

Administração, eis que o sistema de jurisdição única consignado na Constituição da República impede que se subtraia da apreciação do Judiciário qualquer lesão ou ameaça a direito. Até mesmo após abertos os envelopes (e ultrapassada a primeira fase), ainda é possível aos licitantes propor as medidas judiciais adequadas à satisfação do direito pretensamente lesado pela Administração. Consoante o magistério dos doutrinadores, a inscrição (da empresa proponente) no cadastro de contribuintes destina-se a permitir a imediata apuração de sua situação frente ao Fisco. Decorre, daí, que se o concorrente não está sujeito à tributação estadual e municipal, em face das atividades que exerce, o registro cadastral constitui exigência que extrapola o objetivo da legislação de regência.

A cláusula do Edital que, *in casu*, se afirma descumprida (5.5.1), entremeada da expressão "se for o caso", só pode ser interpretada no sentido de que a prova da inscrição cadastral (perante as fazendas estadual e municipal) somente se faz necessária se o proponente for destas (Fazendas) contribuintes, porquanto a lei somente admite a previsão de exigência se ela for qualificável, em juízo lógico, como indispensável à consecução do fim.

In hiphotesi, a impetrante, ao apresentar, com a sua proposta, certidões negativas de "débitos" para com as Fazendas estadual e municipal ofereceu prova bastante "a permitir o conhecimento de sua situação frente aos Fiscos", ficando cumprida a cláusula editalícia, ainda que legal se considerasse a exigência.

Mandado de segurança concedido. Decisão unânime.

Habilitação

A habilitação é a segunda fase do procedimento licitatório, na qual ocorre a abertura dos envelopes com a respectiva documentação, para que seja examinada, consoante estabelece o art. 43, I, da Lei nº 8.666/1993.

O art. 27 da supracitada lei indica expressamente os documentos necessários para a habilitação. O seu exame refere-se a: *habilitação jurídica, qualificação técnica, qualificação econômico-financeira* e *regularidade fiscal.*
De acordo com Souto (2004a:171):

> Tais exigências têm por objetivo preservar a execução do contrato, cujo contratado é escolhido na licitação; não basta selecionar a proposta mais vantajosa; é preciso que ela seja exequível, o que tem ligação direta com a pessoa do candidato — sua habilitação profissional, a situação econômico-financeira da empresa, suas instalações, suas experiências anteriores, seus compromissos atuais; daí a importância dessa fase, sendo vedadas exigências e formalidades estranhas a esse fim.

A Lei nº 9.864/1999 acrescentou o inciso V ao art. 27 da Lei nº 8.666/1993, estabelecendo que se deve observar o cumprimento do art. 7º da Constituição Federal de 1988, inciso XXXIII.[153]

Assim, os licitantes interessados deverão apresentar declaração de que não possuem, em seu quadro de empregados, menores de 16 anos, salvo na condição de aprendiz, a partir de 14 anos. Da mesma forma, devem declarar que respeitam a proibição de trabalho noturno, perigoso ou insalubre a menores de 18 anos.

Justen Filho (2010:406-407) critica a introdução do inciso V do art. 27 como requisito para habilitação:

---

[153] "Art. 7º. São direitos dos trabalhadores urbanos e rurais, além de outros que visem à melhoria de sua condição social:
[...]
XXXIII – proibição de trabalho noturno, perigoso ou insalubre a menores de dezoito e de qualquer trabalho a menores de dezesseis anos, salvo na condição de aprendiz, a partir de quatorze anos;
[...]."

Não existe, nesse ponto, qualquer questionamento à regra constitucional, que merece incentivo e exige aplicação. O problema reside no relacionamento entre habilitação e proteção aos menores. A habilitação não se destina a esse fim, mas a verificar se os licitantes se encontram em condições de executar o objeto licitado. A alteração legislativa impõe desvio de competência, eis que a função da habilitação será desnaturada. Veja-se que a empresa que violar o art. 7º, inciso XXXIII, deverá ser punida — mas no âmbito apropriado. Isso nada tem a ver com habilitação. Até se pode reputar, bem por isso, que a inovação é inválida, porque a própria Constituição apenas faculta exigências mínimas para condicionar a habilitação.

A habilitação é uma fase típica da licitação por *concorrência*, uma vez que na tomada de preços esse procedimento é anterior ao processo, por ocasião do cadastramento, em categorias, dos interessados.

Em relação ao convite, a habilitação é presumida ou dispensada, uma vez que a administração convoca no mínimo três pessoas, físicas ou jurídicas, para apresentarem a proposta. No concurso, pode haver necessidade de comprovação de inscrição profissional.

Visando à celeridade do certame, a modalidade pregão estabelece que será apresentada declaração de que os requisitos de contratação foram atendidos, verificando-se a habilitação somente do licitante vencedor.

Habilitação jurídica

A habilitação jurídica consiste na etapa em que se demonstram a existência legal da empresa, a legitimidade de sua representação e a aptidão para assumir obrigações.

O art. 28 da Lei nº 8.666/1993 estabelece os documentos necessários para a demonstração da habilitação jurídica do licitante.

O referido artigo faz referência a expressões que não são mais utilizadas em decorrência do advento do Código Civil de 2002 — adiante chamado simplesmente de Código Civil ou NCC (novo Código Civil). Este reestrutura o tema a partir da figura do empresário, e não mais do comerciante.

O Código Civil, em seu art. 966, definiu como empresário todo aquele que "exerce profissionalmente atividade econômica organizada para a produção ou circulação de serviços", sendo considerado não empresário "quem exerce profissão intelectual, de natureza científica, literária ou artística, ainda que com o concurso de auxiliares ou colaboradores, salvo se o exercício da profissão constituir elemento de empresa", conforme estabelecido no parágrafo único do citado artigo.

O empresário pode ser tanto pessoa jurídica como física, se realizar atividades previstas no art. 966 do Código Civil. Desta maneira, pessoas físicas, nos termos do artigo mencionado, também deverão estar inscritas no registro público de empresas mercantis das juntas comerciais.

Estando devidamente inscrito no registro da Junta Comercial de sua sede, o empresário poderá participar da licitação.

Ocorre que, se o objeto da licitação for incompatível com sua atuação, o edital deverá apresentar expressa vedação de empresário pessoa física concorrer ao certame, mesmo que ajustada à definição legal de empresário.

Existem, portanto, sociedades empresárias (que assumem qualquer das modalidades previstas em lei e produzem ou circulam bens e serviços) e sociedades não empresárias (simples e cooperativas).

Questão polêmica é saber se as cooperativas, por serem sociedades não empresárias, devem ser inscritas no registro das juntas comerciais ou no registro civil das pessoas jurídicas, que é o registro das sociedades simples não empresárias.

De acordo com o Parecer nº 17, de 5 de fevereiro de 2003, do Departamento de Registro do Comércio, as cooperativas deveriam ser inscritas no registro das juntas comerciais por força dos arts. 1.093 e 1.096 do NCC, que remetem a disciplina das cooperativas para o art. 18 da Lei nº 5.764/71, específica das cooperativas (Pereira Junior, 2004:29).

Ocorre que a Corregedoria Geral de Justiça do Estado do Rio de Janeiro se manifestou no sentido de que as cooperativas devem ser inscritas no mesmo registro das sociedades simples, ou seja, no registro civil das pessoas jurídicas, devido à observância dos arts. 982, 983 e 988 do NCC.

Assim, no momento da habilitação jurídica dos licitantes interessados, como comprovar a inscrição das sociedades cooperativas?

Para Pereira Junior (2004:30):

> É que, do ponto de vista da habilitação jurídica, o que importa provar é a inscrição em registro público, onde se encontrem depositados os dados necessários à verificação da regular constituição da sociedade; registro apto a fornecer certidões idôneas contendo a íntegra dos atos constitutivos e alterações posteriores, bem assim atestando, em consequência, o funcionamento regular da sociedade. E, para isto, tanto o Registro Civil das Pessoas Jurídicas quanto a Junta Comercial estão legalmente autorizados, posto que o primeiro atua por delegação do Poder Público nos termos da Constituição, e a segunda integra, na qualidade de autarquia (pessoa jurídica de direito público), a administração pública estadual indireta, criada por lei exatamente para atender ao registro mercantil.

Outro ponto importante a ser abordado é a questão do tratamento favorecido, diferenciado e simplificado ao empresário rural e ao pequeno empresário, conforme estabelece o art. 970 do Código Civil.[154]

A inscrição do pequeno empresário será feita na Junta Comercial.

Contudo, o art. 1.179, §2º,[155] do Código Civil dispensou o pequeno empresário do sistema formal de contabilidade, de onde se extraem o balanço patrimonial e o resultado econômico anual. Registre-se, por atual, que a LC nº 123/2006, que instituiu o Estatuto Nacional das Microempresas e Empresas de Pequeno Porte, trata exatamente do tema em seu art. 9º:

> Art. 9º. O registro dos atos constitutivos, de suas alterações e extinções (baixas), referentes a empresários e pessoas jurídicas em qualquer órgão envolvido no registro empresarial e na abertura da empresa, dos 3 (três) âmbitos de governo, ocorrerá independentemente da regularidade de obrigações tributárias, previdenciárias ou trabalhistas, principais ou acessórias, do empresário, da sociedade, dos sócios, dos administradores ou de empresas de que participem, sem prejuízo das responsabilidades do empresário, dos sócios ou dos administradores por tais obrigações, apuradas antes ou após o ato de extinção.

A habilitação jurídica abrange tanto a capacidade civil como a capacidade administrativa. No entanto, a Lei Federal

---

[154] "Art. 970. A lei assegurará tratamento favorecido, diferenciado e simplificado ao empresário rural e ao pequeno empresário, quanto à inscrição e aos efeitos daí decorrentes."

[155] "Art. 1.179. O empresário e a sociedade empresária são obrigados a seguir um sistema de contabilidade, mecanizado ou não, com base na escrituração uniforme de seus livros, em correspondência com a documentação respectiva, e a levantar anualmente o balanço patrimonial e o de resultado econômico.
[...]
§2º É dispensado das exigências deste artigo o pequeno empresário a que se refere o art. 970."

nº 8.666/1993 exigiu, tão somente, documentos que comprovem a capacidade jurídica, uma vez que a regra é de ter capacidade administrativa quem tem capacidade jurídica.

Assim, quanto à capacidade administrativa, cabe à administração pública a produção de provas da existência de penalidade administrativa contra o licitante, uma vez não ter esta sido prevista pela lei.

Exige-se, ainda, a validade de sua representação. Assim, no que se refere às empresas estrangeiras com sede no Brasil, deve ser exigido o decreto autorizativo para o seu funcionamento, a fim de que as mesmas possam participar de licitações nacionais.

Regularidade fiscal

A documentação exigida para demonstração de regularidade fiscal do licitante está prevista no art. 29 da Lei nº 8.666/1993. Esta consiste na prova de inscrição na repartição fazendária e de certidões de regularidade fiscal.

Note-se que regularidade fiscal é diferente de quitação. O que a lei exige é a comprovação de regularidade fiscal. Assim, pode o licitante ter-se insurgido contra o débito existente por mandado de segurança ou questionado o mesmo por outro meio. Assim, há que se observar que regularidade não implica necessariamente quitação com a fazenda, pois pode existir débito em regime de parcelamento, moratória, depósito administrativo ou judicial, assim como débito sujeito a liminar suspendendo sua exigibilidade. Enquanto, em juízo, estiver suspenso o débito, não poderá o licitante ser impedido de participar do certame.

Segundo Pereira Junior (2002:329-330):

> A prova que se exigirá doravante é a de regularidade para com o Fisco. A lei alude a "regularidade", que pode abranger a

existência de débito consentido e sob o controle do credor. E, não, a quitação, que é ausência de débito.

Cumpre frisar que a exigência de regularidade fiscal não significa cobrança de dívidas por parte da administração pública e tampouco impedimento do exercício de suas atividades empresariais, o que poderia ensejar a inconstitucionalidade das exigências.

Dessa forma, firmou entendimento o Supremo Tribunal Federal no sentido de que a irregularidade fiscal não pode inviabilizar o exercício das atividades empresariais, *todavia o licitante interessado não poderá contratar com o Poder Público.*

A esse respeito, leciona Justen Filho (2009:400):

> E o próprio STF reconheceu a inconstitucionalidade apenas quando houvesse impedimento absoluto ao exercício da atividade empresarial. A simples limitação, tal como a proibição de contratar com instituições financeiras governamentais, foi reconhecida como válida. Sob essa óptica, a proibição de contratar com a Administração Pública não configura impedimento absoluto ao exercício da atividade empresarial.

Outra questão importante é saber em qual fazenda pública deve ser realizada a comprovação de regularidade fiscal.

Em sendo a fazenda que promove a licitação, significa que o licitante pode dever no país inteiro, menos naquela nova localidade. Se for a fazenda relacionada com a atividade — que equivale a avaliar todo o país — há risco de violar os princípios da razoabilidade e da realidade, eis que não há como se atender tal prova. A fazenda da sede, onde se centraliza a atividade comercial, parece ser a opção mais adequada.

Ainda no campo da regularidade fiscal, é preciso observar que a nova disciplina que rege as microempresas e as empresas de pequeno porte trouxe peculiaridades ao tema.

A Lei Complementar nº 123, de 14 de dezembro de 2006, que alterou sensivelmente a disciplina legal que rege tais empresas, trouxe normas que permitem às microempresas e empresas de pequeno porte apresentar a sua regularidade fiscal somente no caso de possuírem a melhor proposta nas licitações em que participem.

Assim, as empresas disciplinadas por esta nova lei não precisariam comprovar a sua regularidade fiscal antes de terem suas propostas de preço analisadas, bastando apenas apresentar os documentos exigidos,[156] mesmo que não regulares.

Qualificação técnica

Conforme prevê o art. 30 da Lei nº 8.666/1993, trata-se do conjunto de requisitos profissionais que o licitante apresenta para executar o objeto da licitação. Há três tipos de capacidade técnica: capacidade genérica, capacidade específica e a capacidade operativa.

A capacidade genérica é aquela que se comprova pelo registro profissional competente, de acordo com a lei.

A capacidade específica é aquela que se comprova por meio de atestados de desempenhos anteriores e pela existência de pessoal, instalação e aparelhamento adequados para a execução do objeto da licitação.

No que tange à capacidade operativa, trata-se de demonstração de disponibilidade tanto de pessoal como dos bens para a execução do contrato.

---

[156] Sobre este tema, já há discussões doutrinárias, vez que alguns autores chegam a alegar que as microempresas e as empresas de pequeno porte sequer precisariam apresentar os documentos relativos à regularidade fiscal no mesmo momento da entrega das propostas de preços, bastando apresentá-los quando fossem demandados, ou seja, caso tivessem oferecido a melhor proposta de preços.

Neste sentido, leciona Meirelles (2006:271):

> E assim é porque o licitante pode ser profissional habilitado e não ter pessoal e aparelhamento próprios para a realização do objeto do contrato; pode ser habilitado e possuir o aparelhamento e pessoal adequados, mas indisponíveis para a execução do objeto do contrato, por estar exaurida sua capacidade operativa real. Isso ocorre frequentemente, quando as empresas comprometem esses recursos acima de suas possibilidades efetivas de desempenho, já estando absorvidos por outros contratos de obras, serviços ou fornecimentos.

Assim, a administração pública deve verificar não só a capacidade técnica teórica, como também a capacidade operativa real.

O art. 30, §8º, da Lei nº 8.666/1993 estabelece a exigência de uma metodologia de execução dos licitantes nas hipóteses de contratação de obras, serviços e compras de alta complexidade técnica, cuja avaliação será efetuada exclusivamente por critérios objetivos.

Habilitação econômico-financeira

Prevista no art. 31 da Lei nº 8.666/1993, trata-se da demonstração da capacidade do licitante em satisfazer os encargos econômicos.

Para isso, o licitante deverá apresentar o balanço patrimonial e as demonstrações contábeis do último exercício; a certidão negativa de falência, recuperação judicial ou execução patrimonial expedida no domicílio do interessado, bem como a garantia de proposta.

Em relação aos consórcios, conforme prevê o art. 33 do mesmo diploma legal, admitir-se-á o somatório dos valores de cada um dos consorciados, proporcionalmente a sua participação, ou seja, se um dos consorciados está em situação falimentar ou não tem a liquidez mínima exigida, não fica inviabilizada a sua participação se compensada a situação pelas demais empresas. Cabe, no entanto, a exigência de garantia de cumprimento da parcela específica (Souto, 2004a:184).

Pré-qualificação

Nos casos de licitação na modalidade concorrência, consoante art. 114 da Lei nº 8.666/1993, é possível que haja a pré-qualificação de empresas pela natureza complexa do objeto a ser licitado. Assim leciona Rigolin (1999:256-257):

> É facultativamente promovida pela Administração naqueles casos referentes geralmente a grandes obras, instalações ou serviços extraordinariamente complexos e exigentes. [...]
> São casos de expansões de redes telefônicas; construções de usinas ou barragens (o que é obra); projetos administrativos complexos [...]; projetos urbanísticos.

O conceito de pré-qualificação, segundo Meirelles (2006:95-96):

> Pré-qualificação (art. 114) é a verificação prévia das condições das firmas, consórcios ou profissionais que desejam participar de determinadas e futuras concorrências de um mesmo empreendimento. Não se confunde com a habilitação preliminar nas concorrências, porque esta se faz em cada concorrência e aquela se realiza para todas as concorrências de um empreendimento certo, que pode exigir uma única ou sucessivas concorrências. Também não se confunde com pré-classificação das

propostas, mesmo porque na pré-qualificação os interessados não apresentam proposta, mas tão somente documentação comprobatória das condições técnicas, econômicas e jurídicas pedidas pelo edital como necessárias à execução do objeto do futuro contrato.

Trata-se, em suma, de uma etapa prévia à seleção dos licitantes interessados, para a contratação de objeto mediante a modalidade concorrência, não podendo, no entanto, confundir-se com a fase de habilitação, que permanecerá obrigatória.
Como bem salienta Justen Filho (2009:905),

> a pré-qualificação consiste na dissociação da fase de habilitação do restante do procedimento da concorrência. [...] Instaura-se um procedimento seletivo preliminar destinado a verificar o preenchimento de tais requisitos.

Portanto, é certo afirmar que a pré-qualificação visa averiguar a idoneidade dos interessados em contratar com a administração pública, sem, no entanto, estreitar a competitividade da licitação e nem extrapolar as disposições legais próprias do certame.

Questões de automonitoramento

1. Após ler este capítulo, você é capaz de resumir o caso gerador do capítulo 6, identificando as partes envolvidas, os problemas atinentes e as soluções cabíveis?
2. A entrega das propostas pelos licitantes interessados à administração pública implica a aceitação do edital?
3. Quais são as diferenças entre o pedido de esclarecimento e a impugnação do edital? Quando usar cada um dos instrumentos?

4. Pode um licitante ser inabilitado sob argumento de que não apresentou a certidão de quitação quanto à dívida ativa?
5. O art. 45, §4º, da Lei nº 8.666/1993 estabeleceu o tipo de melhor técnica e preço para a contratação de bens e serviços de informática. É possível que a administração pública os contrate pelo tipo do menor preço?
6. Pense e descreva, mentalmente, outras alternativas para a solução do caso gerador do capítulo 6.

6
Sugestões de casos geradores

Licitação: conceito, princípios, dever de licitar (cap.1)

A legislação exige que, nas contratações diretas e nas licitações realizadas por órgãos e entidades da administração pública, conste dos respectivos editais a obrigatoriedade de a empresa com 100 ou mais empregados demonstrar o preenchimento de 2% a 5% de seus cargos com beneficiários da Previdência Social reabilitados ou com pessoas portadoras de deficiência habilitadas.

A exigência tem sido criticada por diversos licitantes e por órgãos de controle, uma vez que a licitação é instrumento de seleção da proposta mais vantajosa, e essa exigência atenta contra os princípios da proporcionalidade, da economicidade e da eficiência.

Pergunta-se:

1. O contrato com empresa que não preencha o requisito de percentual de empregados portadores de deficiência mas ofereça os melhores preços no mercado atende aos princípios constitucionais da eficiência e da economicidade?

2. Pode o direito contentar-se com a mera conformidade da ação à lei, sem qualquer perquirição sobre os motivos ou interesses que levaram o agente a atuar?

Modalidades: concorrência, tomada de preços, convite, concurso e leilão. Aspectos polêmicos (cap. 2)

No município de São João da Grota, o prefeito lhe envia consulta acerca da possibilidade de realizar três licitações distintas para contratar empresas que construam o sistema de saneamento básico de três diferentes bairros contíguos. O prefeito ainda esclarece que deseja realizar as três licitações pela modalidade convite, já que se trata de procedimento mais simples e célere. No que concerne aos valores, cada obra foi orçada em R$ 50 mil. Levando-se em consideração os dados informados, posicione-se diante da possibilidade de realização da licitação nos moldes desejados pelo prefeito.

Pregão presencial e eletrônico (cap. 3)

Caso 1

"A", interessado em participar de uma licitação na modalidade pregão (presencial) realizada por um órgão da União para a aquisição de material de limpeza e conservação, não teve sequer seus envelopes (um com a descrição do objeto e o preço ofertado e o outro com os documentos comprobatórios de habilitação) aceitos pelo pregoeiro na sessão pública realizada exatamente na hora, data e local previstos no edital e aviso de licitação, uma vez que chegou cinco minutos após a hora marcada para o recebimento deles.

Depois de declarado o vencedor do certame, "A" manifestou intenção de recorrer, já apresentando, inclusive, suas razões recursais por escrito.

Diante dos fatos narrados, pergunta-se:
1. "A" tem direito/legitimidade, no caso concreto, para manifestar oralmente sua intenção de recorrer, nos termos do inciso XVIII do art. 4º da Lei nº 10.520/2002?
2. Estaria a administração pública obrigada a se manifestar sobre o conteúdo do questionamento de "A"? Sob que fundamento?
3. É admissível que se entreguem as razões de recurso por escrito no mesmo momento em que se manifesta verbalmente a intenção de recorrer? Caso seja possível, como se conta o prazo para que os demais licitantes apresentem suas contrarrazões, tendo em vista as disposições do inciso XVIII do art. 4º da Lei nº 10.520/2002?

Caso 2

Na fase recursal de uma licitação na modalidade pregão (presencial), os licitantes agiram da seguinte maneira: "X" manifestou, motivadamente, sua intenção de recorrer logo após a declaração do licitante vencedor, sem, contudo, apresentar as suas razões recursais escritas no prazo legal (três dias); "W" não manifestou sua intenção de recorrer após a declaração do licitante vencedor, somente apresentando as razões recursais por escrito dentro do prazo legal; e "Z" manifestou oralmente sua intenção de recorrer sobre determinado ponto, apresentando, no prazo legal, suas razões recursais escritas sobre tal ponto e também sobre outros pontos não suscitados anteriormente.

Na função de pregoeiro, analise cada uma das situações descritas, à luz da Lei nº 10.520/2002, dos princípios e da Constituição Federal.

Fase interna da licitação (cap. 4)

Caso 1

Após a realização de procedimento licitatório e a celebração de contrato com a empresa vencedora, para a aquisição de 150 aparelhos de ar-condicionado para a Universidade X, a associação dos professores daquela instituição propôs uma ação popular para pleitear a declaração de nulidade da licitação e do contrato, bem como a condenação dos demandados por perdas e danos, em razão de ter ocorrido, comprovadamente, superfaturamento nos preços. Foram incluídos no polo passivo da ação o ordenador de despesas e o assessor jurídico, este que, ao fim da fase interna daquela licitação, atestou, em seu parecer, a regularidade do procedimento, opinando pelo prosseguimento do certame.

Na sua opinião, podem o ordenador de despesas e o assessor jurídico ser responsabilizados por não terem percebido que a pesquisa de preços realizada no processo não correspondia à realidade?

Caso 2

Devidamente apresentadas a adequação e as vantagens, o secretário de Segurança Pública aprovou a solicitação de se estabelecer a padronização da frota de sua secretaria, adotando-se como padrão os carros modelo X, da marca Y. Uma vez aprovada a padronização, aquela secretaria pretende adquirir os novos veículos diretamente do fabricante, utilizando como fundamento o argumento de que a hipótese refere-se à inviabilidade de licitação, pois ninguém venderá mais barato que o fabricante.

Na sua opinião, está correta a pretensão de contratar diretamente os novos veículos?

Fase externa da licitação (cap. 5)

Uma empresa do setor de telecomunicações passou a desenvolver certo tipo de serviço técnico, considerando-o como atividade distinta dos serviços de telecomunicações, o que a levava a calcular a tributação sobre tal insumo pelo ISS.

Diante de seguidas autuações das fazendas estaduais e adotando uma política de prevenção de litígios, a empresa passou a compor seus preços pelo ICMS, e não mais pelo ISS. No entanto, sua competidora direta no mercado mantém a separação, fazendo com que parte do serviço se mantenha calculado com base no ISS e a outra com base no ICMS, assumindo o risco de continuar a se sujeitar a diversas autuações.

Diante de tal postura em relação ao fisco, criou-se, para a adversária, uma vantagem competitiva, que é sensível nas licitações.

Ao participar de uma determinada licitação, a empresa concorrente sagra-se vencedora. Pergunta-se:

a) Quais os argumentos que a empresa de telecomunicações pode utilizar no seu recurso?
b) Quais os argumentos que a empresa concorrente pode utilizar nas suas contrarrazões?
c) Como deveria decidir a Comissão de Licitação diante do impasse?

Conclusão

À medida que a consciência jurídica da sociedade evolui e os cidadãos ampliam seu acesso à Justiça, seja através do Poder Judiciário ou de meios alternativos de solução de conflitos, cresce a importância do estudo do direito.

O direito está permeado como um dos elementos de transformação modernizadora das sociedades tradicionais, principalmente nos países em desenvolvimento. Evidencia-se, a cada dia, que o direito público não pode ser insensível ao que ocorre no sistema econômico, e que o direito tem papel relevante na organização da sociedade.

O objetivo deste livro foi o de desenvolver discussões e estudos sobre a nova disciplina jurídica aplicada aos contratos administrativos e ao processo licitatório, bem como sobre as diversas implicações da chamada reforma do Estado. Pretende-se imprimir mais segurança aos passos necessários para o constante aperfeiçoamento do sistema jurídico nacional.

O estabelecimento de um sistema legal que funcione adequadamente é condição essencial para um bom nível de crescimento do país, seja em termos econômicos, seja em relação às suas instituições.

Nossa intenção é contribuir para o fomento de estudos específicos e aprofundados sobre o tema, tarefa que deve ser cada vez mais estimulada no país, baseando-se na crença de que uma Justiça mais eficiente também acarretará um direito mais efetivo.

Referências

ALMEIDA, Aline Paola Correa Braga Camara de. Bens e serviços de informática — tipo de licitação a ser adotado pelos estados e municípios. *IOB*, n. 2 [s.d.]. Direito Administrativo, Contabilidade e Administração Pública.

_____. O regime licitatório das empresas estatais. In: SOUTO, Marcos Juruena Villela. *Direito administrativo empresarial*. Rio de Janeiro: Lumen Juris, 2006.

ALTOUNIAN, Cláudio Sarian. *Obras públicas*: licitação, contratação, fiscalização e utilização. Belo Horizonte: Fórum, 2007.

BANDEIRA DE MELLO, Celso Antônio. *Curso de direito administrativo*. 11. ed. São Paulo: Malheiros, 1999.

_____. *Curso de direito administrativo*. 12. ed. São Paulo: Malheiros, 2000.

BERLOFFA, Ricardo Ribas. Aspectos relevantes do pregão. *Informativo de Licitações e Contratos (ILC)*, Curitiba, n. 106, p. 992-1007, dez. 2002.

BITTENCOURT, Sidney. *Pregão passo a passo*. 3. ed. Rio de Janeiro: Temas & Ideias, 2004.

_____. *Pregão eletrônico*. 2. ed. Rio de Janeiro: Temas & Ideias, 2006.

BORBA, José Edwaldo Tavares. *Direito societário*. 4. ed. Rio de Janeiro: Freitas Bastos, 1998.

BORGES, Alice Gonzalez. Inovações nas licitações e seus aspectos constitucionais. *Revista Diálogo Jurídico*, Salvador, v. I, n. 3, jun. 2001.

_____. O pregão criado pela MP 2026/00: breves reflexões e aspectos polêmicos. *Jus Navigandi*, Teresina, ano 4, n. 3, jul. 2000. Disponível em: <www.jus.com.br>. Acesso em: 11 ago. 2006.

BRUNO, Reinaldo Moreira. *Recursos do processo licitatório*. Belo Horizonte: Del Rey, 2005.

CAMARÃO, Tatiana Martins da Costa; PEREIRA, Fausto Vieira da Cunha. Alguns apontamentos sobre pregão presencial e eletrônico. *Boletim de Licitações e Contratos (BLC)*, São Paulo, p. 462-466, maio 2006.

CARVALHO FILHO, José dos Santos. *Manual de direito administrativo*. Rio de Janeiro: Lumen Juris, 2007.

CHARLES, Ronny. *Leis de licitações públicas comentadas*. Salvador: Jus Podivm, 2008.

CONSIDERAÇÕES gerais sobre modalidades de licitação. *Informativo de Licitações e Contratos (ILC)*, Curitiba, n. 126, p. 733, ago. 2004.

CORREIA DA SILVA, Rodrigo Alberto; MOLLICA, Júlio César. Licitações internacionais e o princípio da igualdade entre os licitantes. *Informativo de Licitações e Contratos (ILC)*, Curitiba, n. 120, fev. 2004. Considerações.

COUTO, Anderson Rubens de Oliveira; RAMOS, Henrique Barros Pereira; GRAZZIOTIN, Paulo. *A contratação na administração pública*. Belo Horizonte: Fórum, 2009.

DALLARI, Adilson Abreu. *Aspectos jurídicos da licitação*. 5. ed. São Paulo: Saraiva, 2000.

_____. *Aspectos jurídicos da licitação*. 6. ed. São Paulo: Saraiva, 2002.

DI PIETRO, Maria Sylvia Zanella. *Direito administrativo*. 14. ed. São Paulo: Atlas, 2002.

_____. *Direito administrativo*. 15. ed. São Paulo: Atlas, 2003.

_____. *Direito administrativo*. 17. ed. São Paulo: Atlas, 2004.

DROMI, Roberto. *Reforma del estado y privatizaciones*: legislación y jurisprudencia. Buenos Aires: Astrea, 1991. t. 1.

FERNANDES, Andréa C. Gomes. Compras governamentais eletrônicas no Brasil: como funcionam os principais sistemas em operação. *Informativo de Licitações e Contratos (ILC)*, Curitiba, n. 104, p. 846-854, out. 2002.

FERNANDES, Ismael Lopes. Os princípios e os vícios da licitação. *Informativo de Licitações e Contratos*, Curitiba, n. 81, nov. 2000.

FERNANDES, Jorge Ulisses Jacoby. *Contratação direta sem licitação*: modalidades, dispensa e inexigibilidade de licitação. 5. ed. Brasília: Brasília Jurídica, 2000.

_____. Pregoeiro e equipe de apoio — aspectos jurídicos e práticos das novas funções gerenciais do processo licitatório. *Informativo de Licitações e Contratos (ILC)*, Curitiba, n. 113, p. 569-576, jul. 2003a.

_____. Pregão: credenciamento do representante. *Informativo de Licitações e Contratos (ILC)*, Curitiba, n. 109, p. 201-206, mar. 2003b.

_____. *Contratação direta sem licitação*: modalidades, dispensa e inexigibilidade de licitação. 7. ed. Brasília: Brasília Jurídica, 2008.

FIGUEIREDO, Lucia Valle. *Curso de direito administrativo*. 3. ed. São Paulo: Malheiros, 1998.

FREITAS, Juarez. *Discricionariedade administrativa e o direito à boa administração pública*. São Paulo: Malheiros, 2007.

FURTADO. Lucas Rocha. *Curso de licitações e contratos administrativos*. Belo Horizonte: Fórum, 2007.

GARCIA, Flavio Amaral. *Parecer nº 03/04* — FAG. Procuradoria Geral do Estado. Processo nº E-25/00.188, 2004.

_____. As principais inovações das licitações na contratação de parceria público-privada. *Revista de Direito da Associação dos Procuradores do Novo Estado do Rio de Janeiro*, Rio de Janeiro, v. XVII, 2006.

_____. Ensaio sobre as mudanças na Lei nº 8.666/1993 e o seu impacto nas contratações administrativas. In: _____. *Licitações e contratos administrativos*: casos e polêmicas. Rio de Janeiro: Lumen Juris, 2007.

_____. *Licitações e contratos administrativos*: casos e polêmicas. 2. ed. Rio de Janeiro: Lumen Juris, 2009.

_____; SOUTO, Marcos Juruena Villela. O efeito "carona" no sistema de registro de preços. In: GARCIA, Flávio Amaral. *Licitações e contratos administrativos*: casos e polêmicas. 2. ed. Rio de Janeiro: Lumen Juris, 2009. p. 145-159.

GARCIA, Gisele Clozer Pinheiro. Do número de licitantes aptos a participar da fase dos lances verbais no pregão presencial. *Jus Navigandi*, Teresina, ano 8, n. 387, 29 jul. 2004. Disponível em: <www.jus.com.br>. Acesso em: 11 ago. 2006.

GASPARINI, Diógenes. *Direito administrativo*. 8. ed. São Paulo: Saraiva, 2003.

_____. Responsabilidade dos membros das comissões de licitação e do pregoeiro. *Informativo de Licitações e Contratos (ILC)*, Curitiba, n. 127, p. 907-921, set. 2004.

_____. *Pregão presencial e eletrônico*. Belo Horizonte: Fórum, 2006.

GAZINEO, José Alexandre Lima. Dos recursos administrativos na modalidade de pregão. *Jus Navigandi*, Teresina, ano 9, n. 756, 30 jul. 2005. Disponível em: <www.jus.com.br>. Acesso em: 11 ago. 2006.

GRAU, Eros Roberto. *A ordem econômica na Constituição de 1988*. São Paulo: Malheiros, 2000.

INFORMATIVO DE LICITAÇÕES E CONTRATOS (ILC). *Jurisprudência*. Curitiba, Zênite, n. 91, p. 816-819, set. 2001.

_____. *Licitação. Administração pública federal. Eficácia. Considerações*. Curitiba, Zênite, n. 145, mar. 2006.

JACOBY, Jorge Ulisses. *"Vade-mecum" de licitações e contratos*: legislação selecionada e organizada com jurisprudência, notas e índices. Belo Horizonte: Fórum, 2004.

JUNGSTEDT, Luiz Oliveira Castro. Parceria público-privada: projetos básico e executivo. *Revista de Direito da Associação dos Procuradores do Novo Estado do Rio de Janeiro*, Rio de Janeiro, Lumen Juris, v. XVII, 2005. (Número temático, Parcerias público-privadas, coord. Flavio Amaral Garcia).

JUSTEN FILHO, Marçal. *Pregão* (comentários à legislação do pregão comum e eletrônico). São Paulo: Dialética, 2001.

_____. *Comentários à legislação do pregão comum e eletrônico*. São Paulo: Dialética, 2002a.

_____. *Comentários à Lei de Licitações e Contratos Administrativos*. 9. ed. São Paulo: Dialética, 2002b.

_____. *Pregão (comentários à legislação do pregão comum e eletrônico)*. 2. ed. São Paulo: Dialética, 2003.

_____. *Comentários à Lei de Licitações e Contratos Administrativos*. 11. ed. São Paulo: Dialética, 2005.

_____. *Comentários à Lei de Licitações e Contratos Administrativos*. 13. ed. São Paulo: Dialética, 2009.

_____. *Comentários à Lei de Licitações e Contratos Administrativos*. 14. ed. São Paulo: Dialética, 2010.

_____.Pregão: nova modalidade licitatória. *ConLicitação*, São Paulo, [s.d.]. Disponível em: <www.conlicitacao.com.br/pregao/pareceres/marcal01.htm>. Acesso em: 3 ago. 2006.

MANTOVANI, Claudia Fernandes. Licitação. In: MOTTA, Carlos Pinto Coelho (Coord.). *Curso prático de direito administrativo*. 2. ed. Belo Horizonte: Del Rey, 2004. p. 375-492.

MEIRELLES, Hely Lopes. Licitação e sociedade de economia mista. *Revista de Direito Público*, São Paulo, ano VII, n. 30, 1974.

_____. *Direito administrativo brasileiro*. 22. ed. São Paulo: Malheiros, 1997.

_____. *Direito administrativo brasileiro*. 24. ed. São Paulo: Malheiros, 1999a.

_____. *Licitação e contrato administrativo*. 12. ed. São Paulo: Malheiros, 1999b.

_____. *Licitação e contrato administrativo*. 14. ed. São Paulo: Malheiros, 2006.

MONTEIRO, Vera; SANTANA, Jair Eduardo. Pregão. *Boletim de Licitações e Contratos (BLC)*, São Paulo, p. 517-523, jun. 2006.

MOREIRA, Egon Bockmann. O processo de licitação, a Lei nº 9.784/99 e o princípio da legalidade. *Revista Diálogo Jurídico*, [s.d.]. Disponível em: <http://direitopublico.com.br>. Acesso em: 20 ago. 2006.

MOREIRA NETO, Diogo de Figueiredo. Natureza jurídica dos serviços sociais autônomos. *Revista de Direito Administrativo*, Rio de Janeiro, v. 207, p. 91. jan./mar. 1997.

_____. *Curso de direito administrativo*. 13. ed. Rio de Janeiro: Forense, 2003.

_____. *Curso de direito administrativo*. 14. ed. Rio de Janeiro: Forense, 2005.

MOTTA, Carlos Pinto Coelho. *Eficácia nas licitações e contratos*: estudos e comentários sobre as Leis 8.666/1993 e 8.987/95, com a redação dada pela Lei 9.648, de 27/5/98. 8. ed. Belo Horizonte: Del Rey, 1999.

_____. *Curso prático de direito administrativo*. 2. ed. Belo Horizonte: Del Rey, 2004.

_____. Novas práticas sobre pregão eletrônico. Decretos n°s 5.450/05 e 5.504/05. *Boletim de Licitações e Contratos (BLC)*, São Paulo, p. 829-836, dez. 2005.

MUKAI, Toshio. Parcelamento: modalidade de licitação pertinente. *Informativo de Licitações e Contratos (ILC)*, Curitiba, n. 40, p. 483, jun. 1997.

_____. *Licitações e contratos públicos*. 5. ed. São Paulo: Saraiva, 1999.

_____. A lei que estende o pregão a estados e municípios. *ConLicitação*, São Paulo, [s.d.]. Disponível em: <www.conlicitacao.com.br/sucesso_pregao/pareceres/toshio1.php>. Acesso em: dez. 2010.

NIEBUHR, Joel de Menezes. *Pregão presencial e eletrônico*. Curitiba: Zênite, 2004.

NÓBREGA, Airton Rocha. A modalidade pregão: considerações sobre o pregoeiro, a habilitação e os preços inexequíveis. *Informativo de Licitações e Contratos (ILC)*, Curitiba, n. 90, p. 648-654, ago. 2001a.

_____. Responsabilidades e atuação do pregoeiro. *Jus Navigandi*, Teresina, ano 5, n. 51, out. 2001b. Disponível em: <www.jus.com.br>. Acesso em: 11 ago. 2006.

NUNES, Sandro Luiz. O pregão e os municípios: nova ferramenta de seleção. *Jus Navigandi*, Teresina, ano 8, n. 300, 3 maio 2004. Disponível em: <www.jus.com.br>. Acesso em: 11 ago. 2006.

PALAVERI, Marcelo. *Pregão nas licitações municipais*. Belo Horizonte: Del Rey, 2005.

PEIXOTO, Ariosto Mila. A competência dos estados e municípios para legislar sobre normas de licitação e contratos. *RHS Licitações*, São Paulo, [s.d.]. Disponível em: <www.licitacao.com.br/>. Acesso em: 20 set. 2006.

PEREIRA, César A. Guimarães. O regime jurídico das licitações no Brasil e no Mercosul. *Revista Diálogo Jurídico*, Salvador, ano I, n. 9, dez. 2001.

PEREIRA JUNIOR, Jessé Torres. *Comentários à Lei das Licitações e Contratações da Administração Pública*. 4. ed. Rio de Janeiro: Renovar, 1997.

_____. *Da reforma administrativa constitucional*. Rio de Janeiro: Renovar, 1999.

_____. *Licitações de informática*. Rio de Janeiro: Renovar, 2000.

_____. *Comentários à Lei de Licitações e Contratações da Administração Pública*. 5. ed. Rio de Janeiro: Renovar, 2002.

_____. *Comentários à Lei de Licitações e Contratações da Administração Pública*. 6. ed. Rio de Janeiro: Renovar, 2003.

_____. Notas acerca das repercussões do novo Código Civil sobre os contratos administrativos. *Revista da Emerj*, Rio de Janeiro, v. 7, n. 27, 2004.

_____. Pregão: a sexta modalidade de licitação. *ConLicitação*, São Paulo, [s.d.]. Disponível em: <www.conlicitacao.com.br/pregao/pareceres/josetorres08.htm>. Acesso em: 14 ago. 2006.

_____; DOTTI, Marinês Restelatto. *Políticas públicas nas licitações e contratações administrativas*. Belo Horizonte: Fórum, 2009.

QUESTÕES PRÁTICAS. *Boletim de Licitações e Contratos (BLC)*, São Paulo, v. 11, n. 2, fev. 1998.

_____. Pregão. Recursos. Efeito Suspensivo. Considerações. *Boletim de Licitações e Contratos (BLC)*, São Paulo, v. 17, n. 1, p. 75-76, jan. 2004.

_____. Pregão. Ausência de manifestação da intenção de recorrer durante a sessão. Posterior protocolo de razões de recurso por uma das licitantes. Superação da fase recursal. Mero direito de petição. *Boletim de Licitações e Contratos (BLC)*, São Paulo, v. 18, n. 2, p. 146, fev. 2005a.

_____. Pregão. Recursos. Aplicação do inc. XVIII do art. 4º da Lei nº 10.520/2002. Procedimento observado pela administração nesta etapa. Considerações. *Boletim de Licitações e Contratos (BLC)*, São Paulo, v. 18, n. 4, p. 390, maio 2005b.

_____ Pregão eletrônico. Contratação de serviços de engenharia. Impossibilidade, por enquanto, por meio de pregão presencial ou eletrônico no âmbito da União. Entendimento que não é pacífico. Considerações. *Boletim de Licitações e Contratos (BLC)*, São Paulo, v. 18, n. 11, p. 807-808, nov. 2005c.

REIS, Paulo Sérgio Monteiro de. Justificativas técnicas de atos da fase interna do pregão. *Informativo de Licitações e Contratos (ILC)*, Curitiba, n. 119, p. 41-47, jan. 2004.

REIS, Samuel Mota de Souza. A contratação de obras e serviços de engenharia sob o enfoque do pregão. *Jus Navigandi*, Teresina, ano 8, n. 433, 13 set. 2004. Disponível em: <www.jus.com.br>. Acesso em: 11 ago. 2006.

RIGOLIN, Ivan Barbosa. *Manual prático das licitações*. 3. ed. São Paulo: Saraiva, 1999.

SANTOS, João Adão Figueiredo dos. Consulta sobre critérios de julgamento de licitação. *Informativo de Licitações e Contratos (ILC)*, Curitiba, n. 84, p. 112-118, fev. 2001.

SCARPINELLA, Vera. *Licitação na modalidade pregão*. São Paulo: Malheiros, 2003.

SOUTO, Marcos Juruena Villela. *Licitações e contratos administrativos*. Rio de Janeiro: Esplanada (Adcoas), 1999.

_____. *Licitações e contratos administrativos*. 4. ed. Rio de Janeiro: Esplanada, 2002.

_____. *Direito administrativo contratual*. Rio de Janeiro: Lumen Juris, 2004a.

_____. *Direito administrativo em debate*. 2. ed. Rio de Janeiro: Lumen Juris, 2004b.

_____. O novo marco jurídico das licitações. *Informativo de Licitações e Contratos (ILC)*, Curitiba, n. 120, fev. 2004c. Considerações.

_____. *Direito administrativo das parcerias*. Rio de Janeiro: Lumen Juris, 2005a.

_____. *Licitações e contratos administrativos* – em tópicos. 5. ed. Rio de Janeiro: Adcoas, 2005b.

SUNDFELD, Carlos Ari. *Licitação e contrato administrativo*: de acordo com as leis 8.666/1993 e 8.883/94. São Paulo: Malheiros, 1994.

_____. *Licitação e contrato administrativo*. São Paulo: Malheiros, 2002.

SZKLAROWSKY, Leon Frejda. Aspectos polêmicos do pregão. *Jus Navigandi*, Teresina, ano 6, n. 59, out. 2002. Disponível em: <www.jus.com.br>. Acesso em: 11 ago. 2006.

TRIBUNAL DE CONTAS DA UNIÃO. Licitações & Contratos: orientações básicas. *Fórum de Contratação e Gestão Pública (FCGP)*, Belo Horizonte, ano 3, n. 28, abr. 2004.

ZÊNITE CONSULTORIA. Modalidade adequada. *Informativo de Licitações e Contratos (ILC)*, Curitiba, n. 40, p. 480, jun. 1997.

_____. Aspectos relevantes do pregão. *Informativo de Licitações e Contratos (ILC)*, Curitiba, n. 106, p. 1000-1001, dez. 2002.

_____. Consultas em destaque: Licitação. Sessão. Presença física do licitante. Obrigatoriedade no pregão presencial e no leilão. Faculdade nas demais modalidades de licitação. *Informativo de Licitações e Contratos (ILC)*, Curitiba, n. 113, p. 601-603, jul. 2003.

_____. Perguntas e respostas: o edital de pregão deve ser examinado e aprovado pela assessoria jurídica? *Informativo de Licitações e Contratos (ILC)*, Curitiba, n. 119, p. 65, jan. 2004a.

_____. Perguntas e respostas: em face do disposto no inciso XVIII do art. 11 do Decreto nº 3.555/93, é correto afirmar que recurso no pregão não será recebido no efeito suspensivo? *Informativo de Licitações e Contratos (ILC)*, Curitiba, n. 122, p. 364-365, abr. 2004b.

_____. Perguntas e respostas. *Informativo de Licitações e Contratos (ILC)*, Curitiba, n. 126, p. 774-775, ago. 2004c.

Organizadores

Na contínua busca pelo aperfeiçoamento de nossos programas, o Programa de Educação Continuada da FGV Direito Rio adotou o modelo de sucesso atualmente utilizado nos demais cursos de pós-graduação da Fundação Getulio Vargas, no qual o material didático é entregue ao aluno em formato de pequenos manuais. O referido modelo oferece ao aluno um material didático padronizado, de fácil manuseio e graficamente apropriado, contendo a compilação dos temas que serão abordados em sala de aula durante a realização da disciplina.

A organização dos materiais didáticos da FGV Direito Rio tem por finalidade oferecer o conteúdo de preparação prévia de nossos alunos para um melhor aproveitamento das aulas, tornando-as mais práticas e participativas.

Joaquim Falcão — diretor da FGV Direito Rio

Doutor em educação pela Université de Génève. *Master of laws* (LL.M) pela Harvard University. Bacharel em direito pela Pontifícia Universidade Católica do Rio de Janeiro (PUC-Rio).

Diretor da Escola de Direito do Rio de Janeiro da Fundação Getulio Vargas (FGV Direito Rio).

Sérgio Guerra — vice-diretor de pós-graduação da FGV Direito Rio

Doutor e mestre em direito. Professor titular da FGV Direito Rio (graduação e mestrado), na qual ocupa o cargo de vice-diretor de pós-graduação (*lato* e *stricto sensu*). Diretor-executivo da *Revista de Direito Administrativo* (RDA) e coordenador do mestrado profissional em Poder Judiciário. Possui pós-graduação (especialização) em direito ambiental, direito processual civil e direito empresarial e cursos de educação continuada na Northwestern School of Law e University of California – Irvine.

Rafael Almeida — coordenador de pós-graduação

Master of laws (LL.M) em *international business law* pela London School of Economics and Political Science (LSE). Mestre em regulação e concorrência pela Universidade Candido Mendes (Ucam). Formado pela Escola de Magistratura do Estado do Rio de Janeiro (Emerj). Bacharel em direito pela Universidade Federal do Rio de Janeiro (UFRJ) — onde cursa doutorado em economia — e em economia pela Ucam. Coordenador dos cursos de pós-graduação da FGV Direito Rio.

Rodrigo Vianna — coordenador de pós-graduação

Master of Laws (LL.M) em *alternative dispute resolution* pela Kingston University London. Bacharel em direito pela PUC-Rio. Coordenador de comunicação e dos cursos de pós-graduação da FGV Direito Rio.

Colaboradores

Os cursos de pós-graduação da FGV Direito Rio foram realizados graças a um conjunto de pessoas que se empenhou para que ele fosse um sucesso. Nesse conjunto bastante heterogêneo, não poderíamos deixar de mencionar a contribuição especial de nossos professores e pesquisadores em compartilhar seu conhecimento sobre questões relevantes ao direito. A FGV Direito Rio conta com um corpo de professores altamente qualificado que acompanha os trabalhos produzidos pelos pesquisadores envolvidos em meios acadêmicos diversos, parceria que resulta em uma base didática coerente com os programas apresentados.

Nosso especial agradecimento aos colaboradores da FGV Direito Rio que participaram deste projeto:

Aline Paola C. B. Camara de Almeida

Procuradora do estado do Rio de Janeiro. Mestre em direito e economia pela Universidade Gama Filho (UGF). Advogada do escritório Juruena & Associados — Advogados. Chefe da Assessoria Jurídica da Presidência do Tribunal Regional do Trabalho (TRT) da Primeira Região.

Fernando Barbalho Martins

Mestre em direito público pela Universidade do Estado do Rio de Janeiro (Uerj). Professor dos programas de pós-graduação da Fundação Getulio Vargas (FGV), da Universidade Candido Mendes (Ucam) e da Escola Superior de Advocacia Pública da Procuradoria Geral do estado do Rio de Janeiro (PGE-RJ). Procurador do estado e advogado no Rio de Janeiro. Autor de *Do direito à democracia* e coautor de *Direito administrativo*.

Flávio Amaral Garcia

Mestre em direito empresarial pela Ucam. Professor de pós-graduação da FGV, da Ucam e da Escola Superior de Advocacia Pública (Esap). Procurador do estado do Rio de Janeiro. Sócio do escritório Juruena & Associados — Advogados.

Leonardo Coelho Ribeiro

Pós-graduando (LL.M. Litigation — Novos desafios dos contenciosos) pela FGV Direito Rio, onde é pesquisador. Consultor jurídico externo do Instituto Brasileiro de Administração Municipal (Ibam). Membro do Instituto de Direito Administrativo do Estado do Rio de Janeiro (Idaerj). Sócio do escritório Juruena & Associados — Advogados.

Lívia de Almeida Carvalho

Mestre em propriedade intelectual e inovação pelo Instituto Nacional da Propriedade Industrial (Inpi). Colaboradora da Coordenação de Publicações e pesquisadora da FGV Direito Rio. Advogada.

Marcos Juruena Villela Souto (em memória)

Doutor em direito econômico e sociedade pela UGF. Professor visitante da Université de Poitiers (França). Professor do mestrado em direito da Ucam e da UGF. Presidente da Comissão de Direito Administrativo do Instituto de Arquitetos do Brasil (IAB). Membro do Idaerj. Procurador do estado do Rio de Janeiro. Sócio do escritório Juruena & Associados — Advogados.

Paolo Henrique Spilotros Costa

Mestre em direito pela Ucam. Procurador do estado do Rio de Janeiro. Autor de *Planejamento e regulação do transporte metroviário* e de diversas obras em conjunto (*Licitações e contratações municipais* e *Direito empresarial público*, entre outras). Professor de direito administrativo na pós-graduação da Universidade Federal Fluminense (UFF), da Ucam, da FGV e da Esap.

Paulo César Melo da Cunha

Mestre e pós-graduado em direito empresarial pela Ucam. Pós-graduado em direito tributário pelas Faculdades Integradas Bennett. Professor de pós-graduação em direito da FGV e da Ucam. Assessor jurídico da Presidência do Tribunal de Contas do Município do Rio de Janeiro. Advogado e sócio do Escritório Juruena & Associados — Advogados.

Rafael Véras de Freitas

Especialista em direito do Estado e da regulação pela FGV Direito Rio. Especialista em direito administrativo empresarial pela Ucam. Pesquisador da FGV. Membro do Idaerj. Sócio do escritório Juruena & Associados — Advogados.

Thaís Teixeira Mesquita

Graduada em letras, com habilitação em português e literaturas de língua portuguesa na Uerj. Pós-graduanda em língua portuguesa no Liceu Literário Português. Atua como revisora do material didático dos cursos de extensão e especialização da FGV Direito Rio. Também atua como professora, lecionando língua portuguesa e literatura nos ensinos fundamental e médio.

Este livro foi impresso nas oficinas gráficas da Editora Vozes Ltda.,
Rua Frei Luís, 100 – Petrópolis, RJ.